季栋梁
Ji DongLiang

1963年生。中国作家协会会员，宁夏作协副主席。发表作品五百余万字。出版有长篇小说《上庄记》《锦绣记》《深风景》《海原书》《奔命》《苍声》《野麦垛的春好》《胭脂巷》及中短篇小说集《黑夜长于白天》《我与世界的距离》《吼夜》《先人种树》，散文集《和木头说话》《人口手》《左手功名右手美人》《苍山远日暮》等。《上庄记》获第十三届“五个一工程”奖、第八届北京市文学艺术奖、《吼夜》和《和木头说话》均曾入围鲁迅文学奖，多篇作品获《小说选刊》奖和《北京文学》奖等文学奖项，并被译介国外。

苦下到哪达哪达亲

季栋梁
Ji DongLiang
著

黄河出版传媒集团
阳光出版社

图书在版编目（CIP）数据

苦下到哪达哪达亲 / 季栋梁著. -- 银川 : 阳光出版社, 2021.10
（我们的时代 / 唐晴, 谢瑞主编）
ISBN 978-7-5525-6139-5

Ⅰ. ①苦… Ⅱ. ①季… Ⅲ. ①散文集 – 中国 – 当代 Ⅳ. ①I267

中国版本图书馆CIP数据核字(2021)第217449号

我们的时代　苦下到哪达哪达亲　　季栋梁　著

责任编辑　陈建琼　王　瑞
封面设计　赵　倩
责任印制　岳建宁

黄河出版传媒集团
阳　光　出　版　社　出版发行

出 版 人　薛文斌
地　　址　宁夏银川市北京东路139号出版大厦（750001）
网　　址　http://www.ygchbs.com
网上书店　http://shop129132959.taobao.com
电子信箱　yangguangchubanshe@163.com
邮购电话　0951-5047283
经　　销　全国新华书店
印刷装订　山东新华印务有限公司
印刷委托书号　（宁）0022076

开　　本　880 mm × 1230 mm　1/32
印　　张　8.75
字　　数　200千字
版　　次　2021年10月第1版
印　　次　2021年12月第1次印刷
书　　号　ISBN 978-7-5525-6139-5
定　　价　48.00元

目 录

苦下到哪达哪达亲

咸韭菜、炒洋芋条、黄米黏饭，父亲扒了高垒山尖的两老碗，又喝了一老碗米汤，抹抹嘴，点了一根烟。父亲虽已七十，但饭量依旧，每顿饭我吃不过他。父亲靠着被摞眯着眼睛抽着烟，目光有些呆痴。抽完一根烟，他溜下炕，从门背后拉出锹掮着就要出门了。他出门总是掮着锹，就像城里人出门总夹个包。

在老家的农具中，多数农具专业性极强，比如犁、耱、笓、耧、锄、八嘎、镐，但锹具有综合的实力，集挖、拍、撬、铲、剁、削、刨、砍、切、擢、打诸多功能于一身。掮着锹出门，遇到路上被水涮开的窟洞或坑壕，挖几锹土垫瓷实，就不怕崴了牛马驴骡的蹄腕儿；崖头上沟沿边的土吊得久了累了，裂了缝儿了，擢几锹让落下来，就不会忽然掉下砸到经过的人和牲口了，不会把沿沟沿走的人闪到沟里；一堵墙根子凹陷进去，培上几锹土，这墙就又能站上几十年；遇到一泡粪，铲起来一甩撂到地里去；

田埂溜平了，培培；田拐子没犁到，挖挖；通往水窖的水路壅塞了，浚浚；地里遇见胡墼，一锨拍个粉碎；遇上甘草刨回来，剁成节，阴干，泡茶喝或嚼，能泻火。锨是一个万能的农具，无所不在，无所不用。只要掮着锨，总会有活做。

我知道只要他掮着锨到土地上去，就像当下流行的热词“接了地气”，他会受到土地的诱惑束缚，我的事可就要黄了。

我有什么事呢？

搬他进城！

这是2012年的夏天。春节我们一家人回来，正月初六给他过七十大寿，他心情很好，我就趁机把必须搬家的话说了出来，一家人七嘴八舌地跟他说搬家的事，他笑着说，你们这是给我开批斗会哩，像那几年一样。七天年一过，我们就要搬他走，他说，天寒地冻的，等天热了来搬我，家再寒碜，也总得处理处理。他跟我说，人活七十古来稀，活过七十就活天天子了，谁也不知道晚上脱下的鞋早上还穿不穿，迟早得去你跟前托老哩。可这几个月过去了，家里啥都原模原样，我和他已经纠缠了三天，车轱辘话也已说了三天，都是我说他听着，他就像听广播，始终不吐口。我很齁，但我不敢跟他齁，人老了比任性的孩子还难缠，孩子把你惹齁了，你还可以给他两巴掌，可他让我手足无措。

在他一只脚跨出门的一刻，我说：“大，你就不能让我过得安心一点吗？”

我们那一带把父亲不叫爹，也不叫爸，而叫大。小时候写作文常常会写到，不知道咋写，查字典也查不出来，那时候我们只有《新华字典》，那是这世上最简明的中国字典了。去问老师，老师说，是“回答”的“答”吧。老师的语气表露出不敢肯定的意思。我们觉得老师说得不对，“回答”的“答”怎么能代表父亲呢，你看“爹”也好“爸”也好，都是“父”字头，当然能够代表父亲了。老师说用“爹”代替，这是个方言。可代替后我们都觉得别扭。后来，我终于在更大更全的字典里查出来了，就是大小的“大”。这是我上大学以后的事了。把父亲叫“大”一度让我们觉得是那么土，小时候队上常来劳动“改造”的人，有的带着孩子一同“改造”，他们都把父亲叫“爸”叫“爹”，我们觉得是那么好听。我们以为只有我们才把父亲叫“大”，后来才知道，“大”是对父亲一个很古老的称谓，全国把父亲叫“大”的地方不少。现在倒是觉得叫大最贴切，“大”最能表现出父亲的内涵。小时候叫“大大”，亲昵婉转，长大了叫“大”，气壮山河。何况，“大”有大的意义，在孩子眼里，父亲都是庞然大物。

这是一句狠话，就像一颗钉子，把他钉在门框上，他一只脚在门槛外，一只脚在门槛里，被定格在那里。我更恶毒地说：“你说过的，我小时候不得你的济，你到那世罪孽深重；你老了不得我的济，我到那世罪孽深重，你忘了？”

我知道这话更像锋利的尖刀，刺穿了他坚硬的外壳，扎在了他的心上，我看到他触电似的抽搐了一下。我想这话会激怒他，我就是要激怒他。

没有在我们村上生活过的人，不知道他的脾气有多大，简直可以用飞扬跋扈来形容。在我的记忆中，我懂事（我是指他认为我懂事）前他对我挺好的，动不动双手掬着我的头扭着说，你就是我的个活么，你就是我的个活么，然后变戏法似的从口袋里掏出一颗糖或核桃、花生、枣子。赶集他会带上我，到了集市上下顿馆子。当他认为我懂事后，对我的态度发生根本性的转变，凶了起来。吼骂是经常性的，把他惹齁了，他头一歪，眼一斜，眉一挑，粗声大气吼我。老话说：堂前教子，枕边教妻。他就是这样的，他的吼骂让整个山谷都在回响，即使讲道理也是高喉咙大嗓门。他骂我骂出许多经典的话来，比如我挑食不好好吃饭，他会骂：饿上三天，吃屎都是香的。他经常检查我的作业，他只上过几天农民夜校，没识下几个字，到了我上小学二三年级，检查作业就很吃力了，所以他只看对号和错号，叉叉多了，他抓起书本就在我头上扇。打也是经常性的，话说过头了，事做错了，他一扬手扇我一个耳光，一抬脚踢我一脚，我要跑，他一抬脚一弯腰一挥手，连个过渡的假动作都没有，鞋和土疙瘩保准砸在头上，整个动作连贯迅捷，就像一个训练有素的运动员。那是他从羊身上练出来的。他跟土地打了一辈子交道，也跟羊打了一辈子交道，羊一出圈门，总要往庄稼地里扑，他就是靠这手段揽羊的，免去追撵之苦。因此，他一抬手羊都害怕。我一度以为他对牲口比对我好，牲口把他惹毈了他也会打骂牲口，打骂过后又是加料又是抠梳，嘴里还唠唠叨叨的，就像是认错道歉；可他打骂了我从不这样，永远绷着一张脸。他打骂了我，娘会及时惯我，给我拿勺子擩进灶火里炒个鸡蛋，从箱子里揣出核桃、枣、柿饼、花生，还会给一两毛钱。要知道，那时候一毛钱可以买八个水果糖。我跟娘说，他对牲口要比对我好。娘笑说，你大心里疼你哩，你大说娃你要给个好心，莫给个好脸。现在想来，在我的成长路上他们达成了默契，母亲扮红脸，他扮黑脸。他对我的这种教育一直持续到我考上大学。

我考上大学后，他收敛了许多，不再坐在山梁上吼骂我，更不在街巷追撵踢打我，人前给了我或者说是给了大学生很大的尊重。但跟我说话的口气没有任何的改变，总是一副“大有主意而且永远正确”的口气，我的话像一个很小的雨滴，半路上就干了，渗不到他的心田。这让我跟他沟通很难，我不记得我们之间有什么语重心长的谈话。我们之间的所有交流都是通过母亲完成的。母亲嘴不拙，会很婉转地把我们的想法传达给对方。倘若他亲自出面跟我说，那必是暴风骤雨一般灰扬土飞的，用拳头砸炕，用脚踢石头，就像占了多大的理，一副得理不饶人的模样。而我的弱势或者说忍让更助长了他的“嚣张气焰”。

近些年，我觉得自己能耐了，开始跟他对抗，他跟我吼，我不再示弱，甚至敢说“有理不在声高，你吼啥”。结果往往是我们之间啥都说不成，多数时候他一句话就终结了我们的对话，久而久之，我们蹴在一起就是两块坚硬沉默的石头，就像《北国之春》里唱的“一对沉默寡言人”。母亲说我们天生是一对无话可说的冤家。我用“秀才遇到兵，有理讲不通”这样的话在母亲跟前表达我的愤懑，我说他要当了皇上，就是个暴君。母亲就笑得嘎嘎的。

事实上，他不是不爱说话的人，也不是不会说话的人，他在街巷、田间地头能和人一说半天。而他抬杠那是一绝，他是杠头，掮着锹穿过村巷，常常听到这样的对话：“天都旱得掉头发哩，还掮个锹做啥？”

“挖坑。”他说。

“还没死就挖坑？”

“给你娃挖的么，没看你脸上土都下来了。”他说。

“穿蓝咔叽中山装，走路还高背着手，你应该兜儿里再别两支水笔。”他说。老家人把钢笔叫水笔。

“别两支水笔？”

“别一支是干部，别三支是修水笔的。”他说。

“别两支是干啥的？”

“我儿子么。”他说。

和人抬杠他能抬出很精彩的句子。比如，说瘸子叔：站着马歇蹄儿，蹲着猴子偷梨，睡着长短不齐，走路日天戳地。比如，老鼠的尾巴肿了能有多粗。比如，想上天屎还坠着哩。

不过父亲从没打过母亲，连吼骂也不曾有过，这在我们村男人中是个特例。村里男人无论为啥齁了都打骂女人出气。他因此常常把这挂在嘴上，表达他的宽容与文明。我不这样认为，我认为一是母亲很善良，很内敛，不多事；二是母亲很聪明，从不顶风硬上，看他齁了，就闪了，在他心情好的时候才把自己的想法和对他的批评春风化雨般说出来，这个时候，他会像一个孩子得到奖赏般露出腼腆而讨好的媚相。因此，母亲常对我说，你咋就那么瓜，连拳头都不知道躲，明明你大气得快爆炸了，你还跟他顶牛，不是往拳头上碰么，你大那驴脾气你顶牛顶得过他？有啥你给娘说么。

他掮着锹一只脚在门里一只脚在门外，就那么站着。他没有回头看我，他不敢与我目光相对，他怕看到我眼里噙着的泪水，我知道这句话就像把蓄满力气的拳头砸在他的软肋上。我知道我像小人一样狠毒、暴徒一样残忍，我抓住的就是他要我在城里安心生活的软肋。是啊，他怎么能让我过得不安心呢？他最怕的是我在城里受委屈，生活不安心。可我实在是没有办法了。

他足足站了有五分钟，最后说："你看着弄去吧。"然后走了。

他的背影很沉重，走路似乎连脚也抬不起来了，靸起一缕小小的尘埃。我能理解他的心情。他七岁出门给人放羊拉长工，被这片十年九旱的土地拶了几十年，那山那地那沟那谷，哪里没留下他的脚踪和汗水？他怎么会对拶了自己一辈子的地方没有感情呢？他常说的一句话是，苦下到哪达哪达亲。这让我懂得仇恨也是一种感情。用他的话说，黄土埋到脖子上却要离开了，这怎么能是一件容易的事呢？

我长吁一口气，觉得自己就是他屁股底下压着的一捆麦草，他抬屁股走了，麦草一根一根舒展筋骨似的蓬松开来。我想，他沉重就让他沉重去吧。

如今都讲这工程那工程的，搬父亲进城，对我来说就是一项工程。从立项开工算起，我已不遗余力地实施了十几年，可谓艰巨而漫长。倘若像影视剧、娱乐节目分第一季、第二季之类的，那么搬父亲进城这是第六季。

2000 年，一个人类历史最大的整数年。新千年从何时算起？有说 2000 年，有说 2001 年，人们大大地争论了一番。想想也对哩，人类有史以来，一共才经历了几个千年，是该好好争论上一番的。就在别人为新旧千年交替争得如火如荼之际，我的生活有了一个标志性的事件——我在城里买房了。虽然只交了七万元首付，成了二十年的房奴，但我已是相当心满意足了。房子四室一厅，把父母接进城够用了。买房时我只有四万块钱，父亲给了六万，把置老房子的钱都拿出来了，那是他全部的积蓄。首付可以交七万，我就交了七万，因为装修的钱还没有着落。拿到钥匙，我就马不停蹄装修，装修完毕，让甲醛之类的祸害散了两个月，秋尽冬藏的深秋，我便借十一黄金周回老家，搬父母进城。

我想这是一件简单得不能再简单的事。之所以说简单，是因为他就我一个儿子，他以钢铁般意志硬把我从那片土地上剥离出来，弄成了一个城里人。

我上小学的时候，念书是看不到前途的，因为上大学不是考的，而是推荐的，那得大运当头。自从实行推荐以来，我们大队没有推荐出去一个。因为看不到念书的前途，人们也都对读书不再寄托更换门庭光宗耀祖的梦想，学校更像个托儿所，托到十来岁能干活了，就回家干活。我们那片土地十年九旱，意味着需要付出更多的劳动，才不至于挨饿受冻，没有一双手是多余的。可他从小就对我读书非常上心，一到晚上，他就扣住我让我写字。那时候哪有家庭作业，我们连这个词都没听说过，不要说家庭作业，有时课堂作业都没有。他给我布置的作业是抄课文，写生字表。我在灯下写字，娘借灯做针线，他趴在一边吃烟。我小时候字写得特大，他认为字写得小了就是写得好，常嘲笑我的字写得抻胳膊扬腿的，说我拿脚也写得比你好。娘就抿着嘴笑着说，你拿脚写个字我看看，把你说得能的。他哧哧哧地笑。娘说，把笔给你大，让他写字咱娘俩看看。他真就拿过笔去写了。他问，写啥字？娘说，写你的名字。我心里就埋怨娘，这太简单了，他最会写的就是自己的名字，只要蹴着就用指头写自己的名字。他上过农民识字夜校，识下些字，还会背好几首毛泽东写的诗词。以前生产队、大队弄个啥事，都是按手印子，他会写自己的名字后，就非要签名。队长嫌他写得慢，说你拿个笔就像拿镢头，你写字的工夫，多少个人把手印按上了。他还是坚持签名。受他的影响，上过夜校的人都改成签名。名字他写得挺顺溜，写完还偏着头端详半天，又写了一遍，说，还让我写啥？娘说写她的名字。他说，你叫啥来着？娘说，不记得了那就想写个啥就写个啥。他说，真不记得，都说屋里的么。娘说你就写屋里的么。他说，跟我置气？你出去问问，看谁记得女人的名字。我说了娘的名字。我想难住他，他不记得娘的名字，那就是没写过，肯定就写不出来。可他写得也挺顺利，我才发现上当了，他是在跟娘斗嘴，显然他也经常写娘的名字。他写完又说，还写啥？娘说儿子的名字。写我的名字他有些吃力，他边写边说，这名字笔画太稠，还绕人，请老秀才取名的时候，老秀才说想要个啥样的名字，我说有想法的名字，笔画多一点，厚重，老秀才就给你起了这个名字。他写的笔画不规范，但还是对的，我想我的名字他也是经常写的。他端详着，面露得意之色。娘撇着嘴说，儿子，给你大找几个字让写写，看把他能的。这可让我逮住机会了，我把书翻到课后生字表，画了几个笔画多结构复杂的字让他写。他在我头上拍了一巴掌，说狗日的这是报仇雪恨哩。他磕磕绊绊写起来，先写笔画少的一边，再写笔画多的一边，就像画画。我和娘咯咯咯地笑着。几个字写完，他额头上汗涔涔的。他说，这写字也是个体力活哩。娘说，给你大"号"一下。我们那里把老师批作业叫“号作业”。我打了好几个叉，娘看着说，你写的那字，儿子用脚都写出来哩，再找几个让你大写。他说，还写个屁，河里的石头往山上背，累瓜子哩。

初中我要去公社中学念，我们大队几十个学生只剩下十一个人了。小学毕业我们都十三四岁了，虽然还不能上工挣工分，但放羊放驴割草拾粪打柴都能做了，顶得上半个劳力。时光大浪淘沙一样地淘洗着我们读书的队伍，初一念完，又有几个不念了，这是一条越走越孤荒的路，父亲没有气馁。我上初二那年，广播上播送恢复高考的消息，他欣喜若狂。我周六回来，饭桌上他对我说大学要考了，知道不？我说听说了。他正端着碗扒饭，哐——把碗蹾在桌上吼道，听说了？你啥态度？碗被蹾成两半，洋芋面铺了一桌子。我端着碗看着他，吃饭时他从不打我，这时奶奶和娘都教训他，说，等不及了？就不能等娃把饭吃了，打娃也没有个时间。他拍着桌子说，国家把路给你指好了，你娃自己想去。上高中也不再推荐，而是考试，我们班五十八个人，考了七个，我考了第三名，我们队就我一个。他是通过母亲表达了对我的赞扬，并给了我五元钱的奖励。我参加高考那年，他跟我说的最多的一句话就是“考不上就给老子往老了念”。从上初中到考上大学，他拉着驴把我往学校送，开学驴背上驮着口粮、铺盖，放学把铺盖卷驮回来。年景好了，开学就把一学期的粮交到灶上；年景不好，就得一月一趟往学校送口粮。那时候考大学实在不容易，我是 1978 年参加高考的，那年有六百一十万人报考，共录取四十万两千人，录取率约百分之六点六。1979 年四百六十八万五千人报考，录取了二十八万四千人，录取率约百分之六点一。1980 年三百三十三万人报考，录取二十八万人，录取率约百分之八点四。1981 年二百五十九万报考，录取二十八万人，录取率约百分之十点八。而那段时间，我们上的是公社的高中，是普及教育办起来的，老师中有几位是没上高中就被推荐上大学的工农兵大学生。高考连续失败，许多同学都不念书，回家结婚了。对于家里只有一个儿子的父亲来说，传宗接代的观念是根深蒂固的，他比有几个儿子的人抱孙子的愿望更加强烈。年年高考，年年落败，但他坚持送我复读，他说，考不上给我往老了念。1982 年，我终于金榜题名。

我认为在父亲这钢铁般意志的背后，是对土地的深度绝望，是对自己的身份——农民的无比厌烦，是对这个靠权势、地位维系的社会的深刻认知。我们这片土地十年九旱，穷出了名，是国家级贫困地区，20 世纪 70 年代被联合国粮农组织认定为世界上不适合人类居住的地方之一。谚语总结得最到位：种了一茬子，割了一抱子，装了一筐子，打了一帽子。父亲被这样的土地授了几十年，被捉襟见肘的日子授了几十年。队干家都有几处宅基地，园子比谁家的都大。老百姓申请一块宅基地磕头作揖赔笑送礼，他被伤透了。他希望培养出一个公家人来支撑门面，料理种地以外的事情。而我更粗浅地以为，他拼命一样把我从这块土地上剥离，无非是想随我到城里去过活。要知道，做一个城里人是生活在这片土地上的人进天堂一样的梦想，他一定早就期待着我搬他们进城，因此我回家去搬他们时很自信。

一回到家，我把搬他们进城的话说得喜气洋洋，手舞足蹈。我说了半天，父亲没有任何反应，就像看戏一样。后来他绷脸看了我一眼，一盆冷水就泼了过来：“啧啧啧，看把你本事大的，进城多少年了买了套房，还背了几十万的贷……”

“买房谁不背贷？不要说我这样闯进城里的，就是城里的坐地老户，也都背贷哩。”我觉得自己能耐了，可以打断他的话了，“贷款期限二十年哩，月月还不吃力，少不下你们的吃喝。”

他一脸鄙夷地说：“背了几十万的贷，我们去了坐定吃，能吃进去？”

我说：“去了可以看大门，一个月也几百的挣哩，比种地强。”

“啧啧啧，看我儿本事大的——”他从炕上跳了起来，吼道，“你一个大干部，我给人看大门，下贱不？丢人不？把羞先人当喝凉水！”

他在地上转磨磨，这是胸了的征兆，娘慌了，说：“娃就是说说，哪里真让你看大门，这轻重他哪能掂不来，你看你就像把火药吃上了，有话不能好好说？”

“你明儿就回去，该干啥干啥去！”他掮着锹走了。

我气得呼哧呼哧，娘捏着我的手说：“你不该说去看大门，那多伤他的面子。”

我说："我真能养活得起你们。"

"你现在的日子听上去风光，可过个啥日子想都想得出来，难肠着哩，贷了几十万，人老几辈子见都没见过那么多钱。城里的路石子街，没有票子吃不开，啥不得钱买？我们到城里就给你添了负担哩。"娘说，"我们年纪又不大，正是受苦的年纪，去了能坐住？蹴在村里天再旱一年也还能收几个，添不了斤添两哩，就是一分钱不收，挣个吃喝，也给你把负担减轻了，等我们苦不动了就撵你去，到城里跟着你享福去，你不要我们也赖下哩。"

我知道母亲转述的是父亲的话。

第一季就这么结束了。

2002 年是父亲的花甲之年。父亲生于正月初六，满年满岁。六十花甲，在城里是人们退休的年龄，我以此为契机，回家过年，给他过了六十大寿，把搬家的事提了出来。因为正月十五一过，就开始往地里送粪，一年的农活也就开始了，只要在庄稼地里干一把活，就等于把一年的活种下了，节令会像监工监督你干下去。春种秋收的意思就是春天把活种进地里，秋天把活收了。只要他把活种进地里，一纠缠就又是一年。他挂在嘴边的一句话就是苦是没有白下的，意思是下了苦就要见到收成。我要在他把一年的活种进地里之前截住他。

我说："在城里，六十就是退休的年龄，就是享福的年龄，就是养老的年龄。"

“跟城里人比啥，说话也没个把握。”他噗地笑喷了。

我说：“咋就不能跟城里人比？”

他说：“把你自己的日子过好，我们的日子我们会过，六十正是出力的年龄。”

他不跟我说了，掮着锹走了。

我冲他的背影吼：“我在城里吃喝消闲，你们还在地里爬着，让人咋说我？”

他说：“谁想说啥说去，你能把人家嘴捏住？背地里人连皇上都骂哩。”

我气得冲他的背影吼：“你……你……”可他连头也不回走了。

娘说：“你别生气，你大就那脾气。”

我笑了说：“娘，你看你这话说的，多少年了我还不知道。我就是想不明白，一说搬你们进城他就齁得很，一说搬你们进城他就齁得很，就像我搬你们进城是让你们坐监受罪，像要谋害你们。”

娘笑着说：“他也不想齁，可他管不住自己，他就那么个脾气，月里娃子吐痰——老病了。”

娘又长叹一口气说：“苦下到哪达哪达亲，你大不是故意为难你。”

我说：“你跟我大说，年底我回来接你们，让他把该处理的都处理了，今年咋也得进城。”

“不急么，我们都手脚灵便着哩，迟早得撵着你去，有得你的济的那一天哩。你大说这几年进城的人多了，草山宽展了，好地都撂荒了，养羊种地一年下来也好着哩。你背几十万的贷，你大盘得整夜都睡不着，我们在村上多住几年，你在城里就能松活几年。”

娘的话把我的眼泪说出来了，我知道房贷带给他们的压力远比带给我的压力大。虽然十年九旱，但他们采取广种薄收战略，包了进城打工人家的好地，多养了几十只羊，封山禁牧，羊不准出圈，他们得去山谷沟壑里割草回来喂羊，比以前更辛苦了。

我说：“贷款还起来真的不愁，我是按照我们的收入和开销贷的款，没压力，就是时间的迟早问题，城里人都这么过活。”

娘说：“看把你说得轻松的，一个月光利息钱就是几个羊卖的钱哩。”

我说：“你们都这么大年龄了，还在地里苦着，让别人笑话不？”

“村里谁笑话谁，几个儿的不都在地里苦着哩。”娘说，“就是笑话也传不到城里去，城里有几个知道我们的人？你大身体好着哩，一辈子没吃过药，不让干活，他坐不住。”

我无言了。

娘给了我三万块钱。我每年过年给他们每人一千，就像个诱饵，总是钓出大鱼。这是他们抠下来的，他们几乎不花一分钱，一身衣服穿几年，打着补丁穿。我想，如果我也像我的那些同学念上几年书不念了，他们的负担就没有这么重。

我抹着泪说："娘，你们花去，想吃啥吃个啥，想穿啥穿个啥，想戴个啥戴个啥。"

娘笑了说："当我们十七八哩，年轻时候想穿想戴哩，穷得没有么，现在老面瓜瓜的穿戴个啥都不好看了，赶紧拿回去还贷。"

2004年，老家遭遇五十年未遇的大旱，从春到秋，老天爷连一场雨都没给，媒体报道庄稼颗粒无收。事实上连续三年都旱了，我想父亲没明没夜地白下了几年苦，心都该乏了。

我一进家门，他正生着气，齁得很，一脚就把板凳踢翻了，瞥了我一眼，出门去了。

小晌午，我正靠着墙根蹲在村巷，他掮着锹从外面回来，看了我两眼，进门时忽然吼道："你长的是个猪脑子，记吃不记打？"

我被吼了个莫名其妙，环顾一下四周，除了我再没人。

"咋了，又咋了？"我黑着脸说。

他吼着说："我说过多少遍了，新墙根子下不要坐，我的话秋风过了驴耳了。"

不要在新墙根子底下歇缓乘凉，他确实不止一次教训过我，说新打的墙就跟牙没长出来的娃娃一样，还谎着呢，说倒就倒了。他说一堵墙要立过十几年以后才能叫墙，比人厉害，墙还在，可打墙的人已不在了。这当然是他六十多年活出来的经验。

新打的墙打死打伤人在庄上有实例，最近的例子出在刘二家。那年，刘二在家门口打了堵墙。那堵墙打得很怪，正对着大门打了一堵又高又厚的墙，看上去要多别扭有多别扭，就像好好的手上长了个六指。村子里人做事心思浅薄，一动弹就能看出用意，可刘二打这堵墙实在费人思量。因了这堵墙，不要说人，连风、阳光进他家院子都拐弯抹角的。不过这堵墙也有用处，夏天乘凉看庄稼，冬天避风晒暖暖。自墙打起，刘二的婆娘就常坐在墙下做针线，猪、猫、鸡、狗也常展脱脱躺在墙根下。有一天，那墙忽然就倒了，刘二的婆娘腰被打折了，年猪也被打死了。刘二的婆娘看病花了上万元，成了个半残子人。出了事人们才都知道，一个过路的风水先生说他家窑门正对着大门，大门外就是沟，犯了大忌，箍不住财。风水先生这么一说，刘二就想到几年来家里确实聚不住财，自己打工被欠了一年的工钱，家里是羊得瘟、人得病，婆娘黑壮黑壮的，偏得了心口疼，整天把柴柴草草放进砂罐里熬，熬得满村子都是酸酸苦苦的味道。这不是财像水一样往外流嘛，因此才打了这堵墙。后来，刘二家又请阴阳念经，说是打墙动土没谢土，神灵见怪了。老家人就是这样解决思想问题的。

“这墙都好几年了。”我狠狠地说。我靠着的这堵墙虽是新打的，但也几年了。

“你还嘴硬！几年了就很老了？！”他一脚把围着腿的大黑踢得哇哇呜呜叫着跑远了。

我知道他骂我不是我坐在墙根下面，而是过年时他说几年了，老天爷不会在一坨坨子耍歪使狠，该给个好年景了。他预测今年有个好收成，几天年一过他就迫不及待地把活种到了地里，可半年过去了，老天爷连个雨星子都没溅，种进地里的活硬没长出来。父亲掮着锨出去一个上午一把活没干成，不骂人才怪哩。而在他看来，我这时节回来无疑是看他的笑摊来了：你不是逞能要种地么，种了个啥结果。我想还有一个原因，村上像他这样年纪的人早都出门打工了，起房造屋地折腾；我是国家干部，这让他生活得很被动。他得顾全我的面子，不能出门打工，只能憋屈在家里受这年年白下苦的窝囊气，谁心不乏？谁不齁呢？人总得找个茬把火发出来，要不然会把自己烧伤的。

我明白他就是想把我也惹齁了背包走人。这是庄子上老人的策略，跟儿女顶上劲了，就会这么折腾，折腾得儿女气哼哼地走了，家里就消停了。

“驴脾气，动不动就像把炸药吃上了，不会好好地说话？你一回来不也靠着墙根么，影子都印到墙上了，骂娃？”娘说。

他吼道：“他跟我能比吗？”

我说：“咋不能比？”

“要吼你去山头上吼去，做个啥事没个分寸，你当娃活得容易！”娘发脾气了，对我说，“你进来给娘捣蒜，别招理他。”

他在院子里站了半晌，有些手足无措，后来又掮起锨走了。

娘炖了鸡，我出去站在场沿上，看不到他的身影，我喊：

“大，吃饭了。大，吃饭了。”这让我想起小时候，娃娃贪耍，到吃饭时大人得这么喊半天。每到吃饭时，他们就这样一遍一遍地喊。

娘说：“别喊了，饭口上，在谁家碰上饭就在谁家吃了，咱娘俩吃。”

一下午他都没回来。我知道他躲我，和人抬杠“折牛腿”去了，反正地里没活。

“你回去吧，连着旱了几年，地都是三犁三耱的上茬地，几年没出力了，明年该有一年好收成。”娘说。

我说：“年年都说来年有个好收成，可哪年不是给谎下了。”

“庄稼汉的日子就是一年盼着一年么，盼啥得啥，哪能那么如意。”娘说，“你大说了，等你把贷款还完了，我们就撵你去。虽说天旱，一年养猪养羊还有点收入，咱们一起还，还起来也快哩。”

我的天神，几十万我是根据我们的收入开支状况贷了二十年，通过漫长的岁月把这笔沉重的债务化解得七零八碎，房贷并没压得我难以喘息，因此，对房贷我和所有的“房奴”一样，散漫了飘忽了，还贷只是一个漫长的过程，并没有成为生活中的大事，日子该怎么过就怎么过。他们有这样的想法，就是给了我一个明确的年限，我有了目标，就有了干劲。回城我兼了职业技术学院的写作课，加上为一所提升班代作文课，等于挣两份工资；还为社会上写东西，比如报告文学、纪实文学、传记之类的，这样的活可是不少，总之我把曾经不屑的活计都揽来做，我想，再加上他们每年的收入，有四五年就可还清贷款。

正当我看到希望的曙光，母亲突然去世了。2007 年 7 月 28 日，我正在为人做嫁衣——写一篇东西，接到了父亲的电话，他说你娘睡炕了。睡炕就是病倒了，意味着病得不轻。我连夜赶回家，母亲已经昏迷了。家里的细节告诉我，娘睡炕不是一天两天了。家乡的老人有病大都不去医院看，他们怕查出大病来，看还是不看？因此都到庙上去求神拜佛讨符喝，再就是睡着缓着，好了就好了，不好了就说寿数尽了，对于死亡他们有着无奈的轻慢。我顾不上埋怨父亲，要往医院送，他说你娘这怕是要走了，拉出去我怕拉不回来。家乡有讲究，人死在外面是不能进庄子的。我说那也得往医院拉，拉到医院或许还有救，在家里就这么看着？他说你去把你赤脚叔接来吧。我说我赤脚叔就是个赤脚医生……他沉下脸子说，接去。

我借了国庆的摩托车，到镇上去捎赤脚叔。赤脚叔原本是我们村上的赤脚医生，这些年看病看出名气来了，在镇上开了诊所。路上，我问赤脚叔，我娘得的是什么病？这么快把人拿倒，不会是心脏病、脑梗吧？赤脚叔说，你娘得的是肝病，几年了，你不知道？我眼前一阵发黑，这几年忙于挣钱没回来，每次打电话，他们都说好着哩，只记得娘有一次说死了一颗牙。这把年纪死牙是正常的，并没引起我的注意。赤脚叔说，唉，人要是昏迷了，那就是肝癌晚期了。我整个人都软了。到家里，母亲的老衣都穿上了。我扑到跟前就哭，赤脚叔把了一阵脉，又翻翻娘的眼睛，叹口气说，准备后事吧。

母亲没了，这对我是一场万劫不复的灾难，我连夺去母亲生命的病因都不知道，我算个什么儿子呢？我的家人在海南游玩，我打电话让他们往回赶。父亲说，伏天里人能放住？能赶上？那还不让蛆喽了？入土为安吧，做事没个把握。

月光总是跟母亲有着千丝万缕的联系。守灵的夜晚，正是一个月中最好的夜晚，满月如盘，月光如水。

月儿月儿亮汪汪，照得我家像殿堂。
树树金叶赛梧桐，招来凤凰栖枝上。
地长五谷满穗宝，山生牛羊遍丘冈。
先盖瓦屋后盖楼，前庭后院琉璃墙。
我儿走路气堂堂，坐在里面像皇上。
月老云端抛红线，娶个仙女当娘娘。

这是娘唱的许多童谣中的一首，也是娘为我描绘的未来。母亲给我唱歌谣，父亲坐在一边，借着明亮的月光耍手技，有时会说，儿子，过来，过来，借你的手手用一下。我说你借我娘的吧。父亲说你娘的手太干太粗，还是你的手肉嘟嘟的好。有时候他会把我架在脖子上，组成图形……往昔历历在目，然而已虚无缥缈。

十月胎恩重，三生报答轻。

一尺三寸婴，十又八载功。

母称儿干卧，儿屎母湿眠。

母苦儿未见，儿劳母不安。

老母一百岁，常念八十儿。

尊前慈母在，浪子不觉寒。

阴阳在母亲的灵柩前念着《劝孝歌》，声音随风飘散在大野之中。

如果正如赤脚叔说的，母亲得的是肝癌，那么疼痛折磨母亲已不止一天两天了，癌症最后就是把人疼死的，母亲承受了多么长久多么强烈的病痛折磨，却隐瞒着病情，她知道进医院就不是几千的事，是几万十几万的事，要是给我说了，对背着房贷的儿子来说就是灾难，母亲为我消除了一场灾难。

我一直像攒钱一样为他们攒着幸福，我为他们设想过老年生活：他们在城里休养生息，身躯慢慢舒展不再佝偻，脸膛细腻有光泽，不再褐红，手上会褪去疔甲不再僵硬，指缝不再蓄满泥土；他们不再穿深黑的藏蓝的土灰的打满补丁的衣裳，每人有几身运动服，是赤橙黄绿青蓝紫的；他们有乒乓球拍羽毛球拍网球拍，会像城里的老人一样，每天在公园打太极拳，打羽毛球，跳广场舞，扭秧歌，唱歌，散步，赏花；他们在草地捕蝶，在湖中泛舟，牵着孙子的手在风中奔跑，放飞大大的风筝，一头银发在笑声中飘逸；他们跟着旅行团，美国、欧洲、澳大利亚、迪拜……到处奔走，他们会吃到稀罕食物，坐在银色的沙滩上看那一望无际的水世界……他们会在城市满足而安详地度过晚年。我想着有一天把我为他们积攒的幸福全盘端给他们。然而，一切因为母亲的突然去世灰飞烟灭了，我忽略了他们正在老去，疾病正在威胁着他们，死神正蹑手蹑脚走向他们。子欲养而亲不待，母亲猝然离世让我真正体悟了这句话的毒。

送走了母亲，我大病一场。我躺在炕上，父亲守在我的头前手足无措，两只老茧厚如盔甲的手搓得刺啦刺啦响。他端来一碗水，拿着筷子和刀在我头前忙活。这在以前都是娘的事。他剪纸人和元宝显得格外笨拙，我说就是个意思，别那么认真。他悄声说，你别说话。

不要说守孝三年，就是连送七也做不到。送七是人离开尘世的最后一件事。七七四十九天，一七一送，就像送一个人上路，像梁祝中的十八相送，设酒备食，焚香烧纸。七天为一七，一七为一站，一站比一站远，七七送到坟茔，一个人就到了另一世界里。在送七的过程里，我一点一点送走了自己的悲伤。这是一份爱意的延长。好在有丧葬假、公休假，我再请几天假，至少可以为娘送七，陪伴父亲度过这七七四十九天最艰难的日子。

头七的早晨，我们在村口的岔路口焚香奠酒升表烧纸，坐在那里吃了烟，也给母亲点了根烟。母亲平时不吃烟，只是肚子胀气的时候吃根烟。我带回好烟，父亲会让她抽一根，说吃个稀罕。有一回我带回来中华烟，母亲吃了一根，说，也苦哇哇的，呛得很，还贵得很，我还当多好吃，还不及你那一块钱的烟好吃。

回到家，我去做饭，父亲说："我做，我做一顿你看看。"结果，盐重了，他嘿嘿地笑着说："我吃盐重，再添点水就好了。"结果，一马勺水倒了进去，那饭就稀汤寡水的，他又嘿嘿一笑说："我做啥都手重，加个水也手重。"除了地里的活，操心牲口外，他真是衣来伸手，饭来张口，以前吃奶奶做的饭，结婚了吃娘做的饭，没上过锅灶，真像那话说的，不知道自家的锅大碗小。那年姥爷去世，正赶上收庄稼，家里羊猪鸡狗的离不开，母亲和了一疙瘩面，炒了臊子，结果天正热，面起了，不弄着吃掉就糟蹋了，他就烙成馍，不知道放碱，烙出来的馍酸得倒牙。那年女儿高考，我和老婆都有事缠身，把母亲接来照顾女儿，住了一个月，女儿高考一结束，本来想让女儿带着母亲好好逛逛，母亲着急要回，说再倒没啥，就是怕你大吃不到嘴里，怕饿得只剩下个皮口袋咧。

吃饭的时候父亲说："以前我总觉得我会先她走的，这两年我一看靠不住她了，知道她会走在我前面，就把一辈子没做的事都学会了。"这么说娘的病有了征兆已经几年了，几天来我一直不敢埋怨他，连句重话都不敢说，痛苦让他整个人抽搐得就像缩了一圈，但他把痛苦死死关在体内，不让流露出来，他手背上烂糟糟的血痕是他抠出来的，他还在抠，两手交替着抠。话头扯到这里，我就说：“我娘的病你咋不给我说么。”他说：“有啥说的，人活一辈子谁没有个七病八灾的，我也没想到是个大病。她一辈子就是个药罐子，今儿这达不对了，明儿那达不对了，吃个药，缓缓就过来了。”我说：“咋也得到大医院看看。”他说：“没亏她，去市里医院检查了，大夫说癌症晚期，没必要看了，该吃吃，该喝喝，最多半年。那大夫看病准哩，你看没出半年么。我去莲花山庙上问了，也去找了三姑，都说的一样话，寿数尽了。”三姑是我们这一带有名的神婆子，城里人都找她看病问事。我说：“你咋也得给我说么，让我知道。”他说：“原想着去市医院检查，要是查出来是能看好的病，就给你说，哪怕是到北京、上海给看一趟。可得了这样的病，就是寿数尽了，大夫一口就给判了死刑，给你说能咋？就是到北京能看好？大医院是好进的？拿钱往出铺路，癌症就是个死病，就是把钱花光把人看死，多少人花了多少钱，人没看回来，钱也花光了。花那钱做啥，当官的有权的得上癌症都没办法，电视里演的那个外国的总统得了癌症，多大的人物，不也没救下么。”我说：“到医院治治，至少也能减轻疼痛。”他说：“哪个病不疼？人到死的时候都得挨疼，那是脱人这世的罪孽哩。你娘坚强哩，疼得受不了，问我要老鼠药吃。我说，你该受的罪要受哩，你吃了老鼠药，儿子咋活人？她就再不说了，我给她买了最好的止痛药，说是进口的，好贵的。”

我说："你咋也该给我早说么，让我在娘床前尽尽孝。"他说："这病不是一天两天的事，你能天天守着她？你回来能替得了她疼？你娘死活不让我给你说，她也估摸她能挨到过年，过年回来不就见了么。"我说："我娘这么大病，你也不说明白点，咋也得把一家人带上见最后一面啊。"他说："这怨我，怨我啊，一直好着呢么，昨天还像往常一样好好的，跟我说这说那的，我想咋也能过了年么。你娘一辈子没杀生害人，老天爷咋也该给她个整数。哪个人走前不还挣扎上个一个月两个月的呢么，至少也该活过这个年。唉，谁知道这么快，忽然就不行了。"整数是指娘六十五了。在老家五也是整数。

我还能说啥，再说啥都是多余的。父亲还在抠自己的手，我紧紧攥住他的手，他一下子大放悲声，号哭起来，整个人都软了。我去搂他，他却躲开了，抹着眼泪说："要说你娘没受罪，一辈子就只会干活，啥心都不操。人享福不享福啊就看操心不操心，操心的人享不了福，她就是不操心，啥心都让我操，她就是会享福的一个人，一辈子我没动过她一指头。你看这死，我想我咋也死到她前头了，她还死到我前头去了，人老了谁走到前面谁享福啊。"

大约是为了缓和悲伤的气氛，他忽然一笑说："你娘别看有些木囊，脑瓜灵泛着哩。吃食堂那会儿，她抱个盆盆比谁都跑得快，就像从丰都城里出来的饿鬼。我都觉得丢人，还骂她跟猪一样笨，做了一辈子饭，不知道稠的在锅底。她说你知道啥，在家里稠的在锅底，在食堂可不是呢，这么多的人，饭总是不够吃，你知道食堂每顿饭往锅里加几回水。”

半夜我醒来，看看旁边他不在了。我出门来，看到他蹴在树下吃烟。他在低低地哽咽。我失去了母亲，他失去了伴儿，少年夫妻老年伴儿，从这个角度讲，他的失去更为惨烈。那个他从地里回来踮着小脚为他扫去身上尘土与草屑的人没了，那个每天早晨为他打荷包蛋的人没了，那个为他铺炕叠被的人没了，那个在灶火里给他把枣烤好放进茶缸里熬茶的人没了，那个陪他家长里短说话的人没了……他失去了生活中不可或缺的那部分，生命中最重要的那部分。

母亲走了三七了，我们在十字路口焚香奠酒升表烧纸，他深深地咂了一口烟，徐徐吐出，说：“明天你就回去吧，公家的事耽搁不得，吃人家的饭呢。”我说：“等七七过了，假够用。”他说：“你在这儿做啥？赶紧回去，挣公家一份钱，把心给人家操到，就是个送七么，就是个过程么，有我哩。活人免的死人意，谁知道亡魂在哪里，阴阳都这么说哩。”我说：“我送完七再回去。”他说：“听我的话，现在就这么个世道，老人去世，儿孙在外面打工，赶回来，都勉强凑合着过了头七，就都走了。你早早回去吧，也一家子人了，总有些事要操心，你现在正是操心的年龄哩。”

一个从没上过锅灶的人，一个从没洗过衣服的人，一个从没穿过针引过线的人，连炕都不会烧，他将怎么度日？我流下了泪水。我去了趟镇上，买了些挂面、方便面，专门让馆子里炒了一盆肉臊子，用油盐腌好，又买些饼子、锅盔，买了两箱牛奶，他原本喝不惯牛奶，是我硬逼着喝上的，老人钙流失得厉害，牛奶补钙。

到了七七，我带着一家人回来给母亲上坟，纸烧了，我就要接他走。他一个人生活，我这个做儿子的，怎么也说不过去，不能说让他跟着我享福，至少不能把他一个人撂在这里受罪。我一直在准备着为他们尽孝，母亲的离世让我清醒过来，能给他一点什么就给他一点什么。因此，这次搬他进城，我志在必得。当我提出来接他走的时候，他目光沉郁，盯了我半天说："你娘坟头的土都没干啊。"

他声音低沉，不是吼声出来，但我听到了他内心的吼声，我听出了咬牙切齿的滋味。这句话把我推到了不孝的地步。人过世之后，虽说现在已不能要求家里人人守三年孝，但按老家的习俗，总得有一个人守一年孝的，一周年的超度经是要念的。想母亲来这世间六十多年，"扫地恐伤蝼蚁命，爱惜飞蛾纱罩灯"，母亲做得比虔诚的教徒还要好，还需要超度吗？可是这话我不能对父亲说，流传了千古的习俗，最后就是规矩，就是真理。尽管这世上没有人知道有没有那世，但人们对那世充满了敬畏。现在想来，说是念经消灾，实际上是一种敬意和思念的延长，就像我们过节日，是对节日的尊敬一样。

他把理由找在这里，我再说就是不孝了。

他幽幽地说："等你娘三周年过了吧。三周年过了，她在那世也就住习惯、安宁了，就是那世的人了，坟就是老坟了。"

一句话说得我涕泪纵横。

母亲的三周年我请了一周假。在老家，为亡人念三周年经是一场大经，念过后，就是十周年经了。我说："请八个吹手八个阴阳念三昼夜经，开黄经。"他说："花那钱做啥？就是个意思，活人免的死人意，谁知道亡魂在哪里。"我坚持按自己的想法干了。阴阳念完说还送一段经，问我们想念啥，我说《孝经》。

念完经，送走了阴阳和吹手，我就和他说搬家的事，我想这次他该找不出借口来了吧。他停顿了许久说："你先回去吧，我把地里收拾收拾，家里的东西处理处理，啥都得弄倭也了。"

"倭也"是老家方言，有"周全圆满"的意思。

这已让我很满意了，我说："弄倭也了你给我打个电话。"

他"嗯"了一声。

可他一直没给我打电话，眼看秋尽了，我又回来了。

回到家，门锁着，邻居说父亲犁地去了。我心里窝火，撵到地里一看，地被他又打耱得像锦缎一样了。在土地上，他永远是个利落的人，他是在歇着的地里看到一个土疙瘩就不舒服的人。他说："你这时间回来干啥？"把我说得一愣，我提出搬他进城时，他说："一年的庄稼两年做，这些地都是上茬地，苦没有白下的，把苦下下了，咋也得刷个茬，明年再揽一年庄稼。”他抓了一把土起来说，“你看这地我收拾得像锦缎一样，来年雨水要好，一定有一茬子好庄稼。”我知道这次又不行了，而且他把进城的日子推迟了一年。

我咬着嘴唇许久，终究没敢跟他争执。母亲没了，父亲已像一个失去靠山的人，没势了，活在下风子了，一下子成了弱势群体，一点脾气没了，蔫了，说话看我的脸色了，不吼着喊着说话了。他硬，我还能讲理，他不跟我来硬的了，这倒把我给拿住了，我再逼就是恃强凌弱了。他说过一句话：硬的怕横的，横的怕愣的，愣的怕病的。他现在就像是一个病人，我不敢再逼他，他犟病犯了，我就一点办法都没有了。一年就一年吧。

第二年夏庄稼开收，我请公休假回家，一方面是帮他收庄稼，一方面是要在他为明年种地下苦时拦住他。一年的庄稼两年做，夏庄稼收完，为明年种庄稼的犁地就开始了。然而，麦子收完的第二天，他又赶着那对老牛犁地了，我说：“等秋庄稼一收咱就把地卖了进城，你还下这苦干啥？”

“正是犁地的时候，不犁地让荒了？”他说，“就是要走，把荒地撂给人家？”

这话又给了我希望。

秋深了，我请了一周假，我想这时节收的收了，打的打了，土地上的活都做尽了。回到家，他明白我的意图，不说话，只是闷着头吃烟——遇事了他就抱着烟锅子一锅子接一锅子吃。最后他说：“今年墒落得好，明年有料子好庄稼哩。”我急了，说：“大，你小七十了，该享福了，再不是干活的年龄了。”他不说话，我又说：“你在这里一个人下苦，人骂我哩，再说你苦出个病来，得不偿失哩。你在地里下一年苦能挣几个钱？要是苦出个病来，那可不是一两年的庄稼挣下的钱就能看好的。”他抬起头看看我，长吁了一口气，又提着锹出去了。只要他一到土地上去，土地就为他做主，他就有主意了。果然他回来后说：“明天你就回去吧。”之后便背对着我睡了。

这次，我和他弄得很僵，我认为他是在故意刁难我，故意耍我，我耍了很大的脾气。“小的时候我得你的济，老的时候你得我的济，人生在世，就是互相得济的事。这是你说的吧，你忘了？”我说，“现在该你得我的济了，你为啥不得？”他嘟着嘴说：“得济么，啥是得济，就是往好处走。”我说：“城里不好吗？”他不说话。我再说啥，他都不说话了，但分明一副油盐不进的模样。

我走了，走得气势汹汹，一口气翻了两座山梁，当我坐在另一座山梁上回望时，他在那座山梁上望着，手遮在额头上。我想到了龙应台先生在《目送》中写的：“所谓父子母女一场，只不过意味着，你和他的缘分就是今生今世不断地目送他的背影渐行渐远，你站立在小路的这一端，看着他逐渐消失在小路转弯的地方，而且，他用背影默默告诉你‘不必追’。”

我潸然泪下。

“你看着弄去吧”，这话听上去给了我一个碗大汤宽，可我又能“弄”个啥呢？

这个家有什么可处理的呢？家具、农具……所有的东西到城里都用不上，而卖是卖不了几个钱的，只有送人。能处理的就是土地和牛，倒是不愁没人要，乔东已经来过几趟了，说土地要卖给他，两头牛和羊他也一起要了，价钱都按市场价走，他出现钱。这条件够诱人了。家里的两头牛，一头已经很老了，到家里都有二十年了，相当于人七十多了，去集上也就能卖个骨皮钱。可这我又如何做得了主？

父亲七岁上给人拉长工，对土地那么渴望，他最大的愿望就是拥有自己的土地。新中国成立前，爷爷曾置下二十几亩地，虽说是瘠薄的山地，但也寄托了一家人发家致富的梦想。后来，轰隆隆地就解放了，父亲弟兄六个，十几亩地按人头一摊，被划成了下中农。下中农那也是好成分，“贫农下中农一条心，天南海北一家人，共产党领导我们向前进呀，毛主席的话儿记在心”，歌都是这么唱的。土改后分到了土地，父亲刚结婚，浑身有使不完的劲，扒起光阴来那是很刻薄的。周扒皮半夜鸡叫，老猴子他爷比周扒皮还叫得早，带着一家人连天昼夜地干，拒绝跟人互助合作，几年间日子过得火焰一样。结果运动一来，眼红的人多，家里成分就从下中农变成了新富农。老猴子的爷爷不服，到处喊冤，从大队到公社，最后跑到县上去，说你们不是鼓励发家致富呢么，现在又这么弄事，你们这不是日弄人么。结果给从县上押送回来，成为管制对象，大人不能随便离开村庄，去别的大队参加红白喜事，走亲戚看病人，都得去大队请假，回来还要报到。

包产到户后有地了，地是父亲的唯一，为了地埂他没少和人争吵、打架，寸土必争。两头牛已经跟着他下了十几二十年的苦，成了他的伴儿，他经常絮絮叨叨地跟牛说话。处理它们又怎么能我说了算？这点自知之明我是有的。

我从外面回来，父亲蹴在院子里抠牛。架在墙头的录音机唱着秦腔，他跟着哼唱。牛舒坦得躺得展展的。他抠得很仔细，腿裆、蹄腕、胳肢窝、耳碗都抠到了。抠下的毛就塞进鞋壳郎里，抠完将牛毛团起来装进塑料袋，到了冬天捻毛线，织手套袜子，或者来了毡匠，掺进羊毛里擀毡。抠牛是他的功课，隔两三天他就要抠一回牛，说抠一回等于上一次料。

我跟他说了乔东，他没有说话，继续抠牛。抠完了一头牛，又抠另一头牛。我进窑里去做饭。蒸黄米饭，炒土豆丝、韭菜炒鸡蛋，又烧了鸡蛋汤。他抠完另一头牛，进来扒了两老碗黄米饭，又掮着锨出去了。我撵了两步说，大，乔东等会儿要来。他没有回头，走了。

乔东来了，我们去地里找他。他沿着地坎塄走，他背起手来，锨就横在背后，像个十字架，只是一横太细，一竖又太粗了。地刚刚打耱过，平整得像上好的素锦，在秋阳下泛着金辉。我们走向他的时候，他蹴在地里一动不动，像一个土疙瘩。他的手里捏着两个土疙瘩，像城里的老人手里捏着健身球。

我对乔东说：“你别说话。”我走到他跟前，给他点了一根烟说，“乔东来了。”

他不说话，看都不看我一眼。

“乔东来了。”我又说了一声。

他将背扭给我，吼了一声说：“让他走，让他走！”口气就像是和乔东有多大的仇一样。

我只好拉了乔东就走，我怕再站下去，他手里的土疙瘩就会砸到我头上。

我对乔东说：“你先回去吧。”

乔东拍拍手里的黑皮包说：“钱我都拿来了。”

我又说：“你先走吧。”

乔东眼睛瞪得牛铃一般大，说：“村里谁会给你们这么高的价？谁会给你们现钱？谁要你家的老牛？”

我有点讨厌人动不动把眼睛瞪得牛铃一般大，动不动用这样的口气说话。可乔东有钱。乔东以前也很穷，他爷爷是我们村上的老财主，那些年老财主被押着到处批斗，最后被斗死了都没说出财富藏在什么地方。乔东这些年只干了一件事，一直在自家院里折腾，翻建房子，重整家院，重打院墙，终于把财富挖了出来，一下就翻身富了。有钱了人就不一样了，像城里人一样整日夹个黑皮包到处晃荡，动不动就把眼睛瞪得牛铃一般大跟人说话。

我说："你先回去吧。"

乔东说："你们这些人，好事瞎事都分不开。"

我说："走吧走吧。"

乔东走来走去，鞋底靸得尘土乱冒："你大想卖给老张，老张过的啥日子，连看病的钱都没有，卖给他要能拿上一分现钱，我把'冯'字倒着写。"

这话给了我一个信息，那就是说他已经找好了下家。老张儿子多，还有个得了小儿麻痹的儿子，日子过得恓惶，卖给他家确实拿不上现钱。不过拿上现钱拿不上现钱对我并不重要，只要他高兴卖就行，我的房贷已经还完。

乔东走了，到了远处又说："你是见过世面的，知道这世界成了啥样子了，你不能听你大的。你大就知道下苦，苦都下愚了，又老了，老了脑子就不清醒了，把人家几句好话当钱使哩。"

我冲他摆摆手。

乔东走了，我又蹲在乔东蹲过的地方，看着寥天地里父亲挥着锹拍得地里尘土乱冒。

不过父亲要把地卖给老张家这还是让我觉得有些意外的。包产到户后老张家有一块地和我家的地连着，地头上有一块荒地，父亲开荒打耱好了，老张却来要他家地头那半块荒地，说那半块地在他家的地头上。父亲不给，倒不是霸道，而是觉得他不仗义，说，我开时你咋不说，开出来打耱好了你来要地。为此，两个人在那块地里像两头犍牛抵头一样抵了一早晨的架。

有好些年他们连话都不说。

吃过晚饭，天黑尽了，父亲出门去了。我跟出大门，看到那一星一点的火光向着老张家走去了。

晚上十一点，他哼着秦腔从老张家回来，进了窑，他走到我的头前，听了听，又摸了摸我的头。

我说："大，地卖给长生叔家了？"

他说："卖给了，卖给了，牛、羊、鸡、猪、狗、猫，一总子给他了。"

我说："快睡吧，你都几晚上没好好睡觉了。"

他坐在炕上吃烟，说："你长生叔是疼地的人。"

我坐起来陪他吃烟，他说："拉长工，搞土改，生产队，我们都一块儿做活，一辈子了，他懂地疼地哩。"

他又说："地要懂地疼地的人来种哩，总不能把地给二流子种吧。疼地的人疼牲口哩，乔东哪是个种地的人。"

我说："他不是种地的人，买地做啥？这几年买了不少地哩。"

他说："那是把地买了去，哄国家的钱哩，今儿说种这个，明儿说种那个，国家也没察觉，每年给他不少钱哩，他哪年地里收过东西。"

第二日，长生叔来了，提着一只煮熟的鸡，对我说："这娃有出息，日子过得体面的，看富态的。"

我笑笑，知道他说这话是要讨好我，怕我从中作梗。我怎么会从中作梗呢？我怎么能作得了梗呢？

“老葫芦，我这院子园子你可给我看好了，要是看不好，我就把你那颗葫芦炖了。”父亲说着在长生叔头上拍拍。

长生叔头发已经脱光了，头可真圆，他儿子我们叫小葫芦。

长生叔去圈里拉两头牛，父亲说：“你就在这院里喂着，拉哪里去？”

长生叔说：“我去饮呀，饮了让它们在外面放放风。”

父亲说：“我去饮。”

长生叔嘿嘿笑着说：“你都是城里人了，还干这粗活，掉价不？”

父亲捣了长生叔一拳。

牛从圈里拉出来，冲父亲哞哞地叫，父亲拍拍牛，把头扭向院外，我知道他落泪了。长生叔拉着牛出门时，他抹了一下眼睛说：“等等——”然后对我说：“给我一百块钱。”

我给了他一百块。他把钱给了长生叔说：“给牛上料的，别给你自己上了料。”

长生叔说：“是我的牛了，怕我不给上料？”

父亲又摸摸牛，牛看着他，他说：“这老伙计跟着我把力出了。”

长生叔走后，父亲说：“上个坟吧。”

在母亲坟前，按规矩父亲蹲着就可以了，但他还是跪下了一条腿。山野的风旋着那些纸灰，就像是娘出来收取纸钱一样。

我让泪水恣意流了下来。父亲唏嘘着说：“老鬼，是你先把我扔了自己去享福的，现在我也得把你扔了。”又说，“没有办法，儿子和我们有缘分，我就得享他的福，不享他的福别人会骂他的，也就毁了这缘分，我得为他想哩。”回去的路上，他像个孩子一样有些哽咽地说：“娃，人吃土地一辈子，土地只吃人一口。”

我们终于起程了，父亲用一辈子的勤劳、善良和忠厚积攒了上好的人缘，村里就剩下老弱病残了，他们一直把我们送出了村口。

出了村子，经过我家的土地时，父亲让停车，我停下车，他站在土地上尿了泡尿，我也尿了泡尿。干涸的土地把尿全喝掉了，只留下一块湿坨，像是长出的一朵黑蘑菇。他又说了那句话：“人把苦下到哪达哪达亲啊。”

大黑撵来了，父亲追撵着大黑说：“回去，回去。”

可大黑不回去，远远地跟着我们。他抓起土疙瘩很准地砸在大黑头上，可大黑就是不回去。

“家狗，家狗，家里的一口。”大黑也是我们家里的一口啊，我的眼睛湿了。

父亲说：“你等等，我把它送回去。”

我说：“要不带上吧。”

他说：“带上咋弄？城里人养洋狗，养板凳狗，抱在怀里耍的，咱这土狗么。”

他领着大黑往回走，长生叔提着绳撵来了，说：“圈都没圈住。”

他们给大黑套上了绳套，长生叔拉着大黑，就像拉着一个耍脾气的孩子，大黑呜呜叫着，四只爪子死抠着地面，抠得尘土飞扬。

他蹴在田埂看着，一直看着大黑和长生叔进了村里。上了车，他的脸一直贴着窗子。我知道他在流泪，我想到艾青的《我爱这土地》：为什么我的眼里常含泪水？因为我对这土地爱得深沉……

我完成了一桩夙愿，然而，对于父亲来说，我想到一个词：剥离，就像剥羊一样。我感到了自己的极端残忍。

进城后我先带他去体检，他不去，说钱烧得，好好的，体检个啥。我说你别犟，体检一下就放心了，这花不了几个钱，要是有病拖严重了那才花钱哩。他说一辈子没得过啥病，有啥好体检的，没病都给检出病来。我说如果我娘早早体检，也不至于把病拖得没治了。他们过了六十，我就要带他们到城里体检，他们坚决不体检，说城里人体检是因为好吃懒做。他说你娘那病只要得上，就是死病，检查出来也没救，老天爷就给了她那么点阳寿。体检结果他身体的各项指标比我要好，就是烟抽得多，有轻微的肺气肿，我说这可不能不注意，你再不要抽旱烟了，抽纸烟，先少抽，慢慢戒，以后年年要体检。他说我过了七十了，还戒烟？七十过了就活天天子。带他去买运动的衣帽鞋袜，我选的是白色的、红色的、绿色的、蓝色的，他只是摇头，选的是黑色的。我说买上三身，换着穿。他说买上一身就行了，这料子好，一两年都穿不烂，现在又不干活了。

我带着父亲熟悉四周的环境和大街。走在大街上，他紧紧跟着我，就像一个胆小的孩子，这让我想起他带我去赶集的情景，我就是这么紧紧跟着他，拉着他的衣襟。在村上他怕过啥，走夜路连鬼都不怕。他对城市的恐惧来自于陌生，他对城市完全是陌生的。我进入城市二十余年，他只来过两趟，加起来不到一周。和他年纪相仿的人，都有数年打工的经历，而他因为我是大干部（老家人的话），村里人说人家有个能成的儿子，还用进城卖苦力？他不得不顾全我的面子。

我带父亲去中山公园。我为他设计过的诸如打羽毛球之类的运动，大夫朋友告诉我已经不适合他了，建议他晒太阳，散步，打太极拳，跳广场舞。中山公园离家不远，是人们锻炼身体的场所。公园不大，锻炼的人有些拥挤。我说你每天早晨到公园散散步，跟着打打拳，跳跳舞。他不作声。一个园丁在剪一棵矮树，想剪成蘑菇状，他说把树头剪了树还咋长？我说剪个样子出来好看么。他说他觉得好看了，咋知道别人也觉得好看。我笑了，说，就是，就是。我惊喜地发现一个亭子里有几个老汉在“折牛腿”。“折牛腿”是他唯一的娱乐，耍了一辈子。农闲时，几个人吆喝到一起，捣着罐罐茶“折牛腿”，冬天一“折”一夜。我站在旁边观看，给几个老汉散了根烟，说以后我爸（我怕说我大他们不懂）和你们一起玩。他们说欢迎加入。我说你每天也来跟他们耍。看了几把牌，他拉拉我的衣衫，到远处才说，一把几十块地输，那是耍么？那是赌钱哩。是啊，他们耍一把也就几毛、一块，一晚上不过十几块钱的输赢。

第二日，我带父亲去老年活动中心，老头老太太很多，他就像个孩子那样怯生，看了看就掉头出来了。是啊，麻将、扑克、象棋、跳棋、围棋、台球，他样样不会。我说你一天来这里坐坐，看看就会了，简单，不难，慢慢地就跟他们熟了，说说话。我领他坐公交车，说，你每天早晨坐车到公园去，十点钟坐车回来，下午坐车去老年人活动中心，五点钟坐车回来，公交挤了就打的。他说，牙长的一截路，还坐车，难怪都这病那病的。我笑了，是啊，对他来说几公里的路可不是牙长的一截路，犁地跟在牛尻子后面，哪天不走出二三十里地。他又说到公园就是为了走路，坐车干啥？我说路上车多，不安全。他说有人行道，司机不长眼睛，往人身上开？我说有些司机还真不长眼睛哩，还有喝醉的。回到家我教他打麻将，下跳棋，打扑克，他说学那做啥，你忙你的，别管我。

老家的电视只能收七八个台，一个遥控器。城里的电视是闭路电视，电视机和机顶盒各有一个遥控器，按这个按那个，如果按错了就按这个再按那个，我讲过几次他就泼烦了，说你放着我自己摸索。大夫说父亲这样的年纪这样的情况最容易孤独，而孤独后最容易患上抑郁、痴呆，最好的预防是让他喜欢上那些电视剧、小品、相声等娱乐节目。他爱看秦腔，可是连包括陕西、甘肃、青海、宁夏、新疆这些以秦腔为主要剧种的省区电视台，也很少播放秦腔节目，偶尔有，也不过是一段一段的插科打诨，把舞台变成了主持人作秀、卖萌，发烧友、“万金油”演员走穴的舞台，搔首弄姿地你唱一阵，他唱一阵，然后就是没完没了地溜嘴。我试图培养他看电视剧的兴趣，我多么希望他能迷上那些情节大同小异的口水剧、走秀剧，然而他毫无兴趣。让人尴尬的是电视剧里男女亲热的镜头实在是太多了，每逢出现这些镜头，他就躲走了，坐在阳台上看外面。我买回了 DVD 和秦腔碟片，教他怎么放，怎么关。但每天回来，他并没有看戏，而是坐在阳台上看外面。我明白，看戏是需要氛围的，他看惯了麦场、集镇搭台唱的戏，这样看是不过瘾的。说实话，电视里的秦腔我也不爱看，不过瘾，还不如听，可听也不如在老家，在老家他口袋里装一个收录机，边干活边听，既解戏瘾又把活干了。

我以为父亲会常去公园，公园里有花草树木，贴近他以前的生活。然而，他很少去公园，也不上街，更不去老年活动中心。是啊，一座公园怎么比得上那阔大的原野。而所谓的锻炼无非是出力流汗，我知道他内心是多么抵触这种所谓的健康生活，一个劳动了一辈子的人，只要在土地上，比所有的锻炼都要健康。就说走路吧，他犁地哪天不走二三十里，而且一路有花草鸟雀相伴。公园、大街上的路怎么比得上田野间，哑巴一样行色匆匆的人流，熬过火候的稠粥一样的车流，永远蒙着灰尘、一副半死不活的道旁树，沥青、下水道等各种气味杂烩臭味。在田野不想走了，他就蹴在田埂上。可在大街上，他要忽然蹴在哪达，所有的人都会围过来。

有天我出门上班时，我说大，你去公园转转。我想让他出去，整日这么待在家里咋行，只会有两个结果，一个是崩溃，他发飙了，回老家；一个还是崩溃，他抑郁了，痴呆了。我等着和他一起出门，他说你忙你的，别管我。我出门时，他忽然说，你买本皇历回来。我问，要皇历干啥？他没有说话。我很后悔这样说。老家人都用皇历，都是按照皇历安排自己的出行生产婚丧嫁娶等事。别看皇历印刷极其粗糙，但涵盖了动土、出门、婚丧、嫁娶、生意、开业诸事，内容极丰富的。城里人不看皇历。我还没见过有卖皇历的，何况城里不像乡下，乡下小卖部购置进来的东西没卖掉，不管时效有多强，都会放上一年两年，城里时效强的东西一个月卖不掉就下架了。我说怕是连卖日历的都没了。他说那算了吧。我说，要不你出去找找，或许有卖的。我出了门，站在隐蔽处等着他。他从小区出来，回头看了又看，然后小心翼翼地站在车水马龙的大街。街道两旁的树叶金黄金黄的，他在一棵树下站住，抬头看看，还摘了一片叶子捏在手中。他出进好几家小卖部，没买上，就在大街上晃荡，在一个修自行车的摊点停了下来。他蹴了下去，动手补起胎来。他会补车胎，也会圆圈。家里往场上拉粮食往地里拉粪都用架子车，爆胎破胎圆圈是常事。补胎老汉说，我不雇人，我干得过来。他笑笑说，我不要钱。老汉说，我真不雇人，我干得过来。他说，我不要钱，真的不要钱。老汉看看他继续补自己的胎。他补完胎，又去为一个自行车圆圈，老汉拿走了他手里的扳子说，你不要钱也别干，你干我心里不踏实。他笑着说，我活干得没问题吧？老汉给了他五块钱说到别处找饭吃去吧，他没接。

下班回来，我听见他在阳台上欻啦欻啦的。过去一看，他捡了一大堆铁丝、胶皮、塑料坯子、自行车胎，正整理着。他说，这些东西挽个牲口笼头、拧个套绳、扎粮食袋子再好不过了，你看这自行车胎，做个驴车的搭背，可结实耐用了。我说，大，现在你收拾这些东西还有啥用？他的手抖动了一下停住了，扑棱着眼睛看了我半天，然后默默地将那些东西捆好，立在一边。我很后悔说了这样的话。

我跑了许多店铺和商场，没有买到皇历，连日历也没买上，就把单位的一本日历拿了回来。我说，买不上皇历，日历上面也有农历。他笑笑说，没事，没事，不种地还要这干啥呢？是啊，季节总是跟土地连接在一起的，少一个就都失去了意义。但我知道，对于他来说，没有了皇历，他就失去了时间，就失去了这个世界。一个人怎么能不知道自己的时间呢？

父亲的头发长了，我带他出去理发。我想起小时候的情景。我们庄子上的剃头师傅是老鬼头。老鬼头剃头用刀，后来有了推子，也用推子。我们娃娃上学前的发型是脑顶留掌心大一坨，叫气死毛，有些娃娃气大，会憋过气去，就揪着那撮头发连提带唤地就过来了。上学后就剃成了锅盖头。我和他剃头是同步的，他剃头就带着我。我最怕剃头，从去老鬼头家的路上就开始哭，一直哭到剃完，把他哭齁了给我两巴掌，剃完头他摸出一个糖给我，说，狗日的头掉了？我摸摸光头说在哩。他说你看你剃个头就像宰你哩，趺绊着没理圆，再给你修修，我就抱了头跑。每次剃头回去他都叹口气，跟娘说，剃个头都哭得像天杀哩，以后还能有啥出息。小时候的情景仿佛就在昨天，现在却是我带着他去理发，时光真如白驹过隙啊。走进一家理发店，一看全是女的，他说头发不长，算了。我说，还不长？理理吧。他说，算了，算了。他声音很倔，掉头就出来了。我拍一下脑袋明白了，在老家男人的头最忌讳女人动的，说那样不吉利，动了男人头的女人也造罪。我依稀想起一家理发馆，牌子是国营理发馆，有两个男理发师，可是忘记了具体地址。打了好几个电话，才找到了地址，不近，我们打的去了。刮了光头，他摸了摸说，没有你长生叔刮得好。老鬼头去世后，庄子上就没了专门剃头的。老鬼头的儿子跟老余头学过几年剃头，可村子上人越来越少了，干脆也进城打工去了。父亲就和长生叔互相剃头。

小区门口隔几天会来一个爆米花的老头，这成为他的一种期待。爆米花的老头一来，父亲就蹴在老头旁边，看老头把玉米、大米爆成雪白的米花。两人很快就熟了，老头边爆米花边跟他说这说那，他们显得很亲密。可人们装米花时，撒得到处都是雪白的米花，父亲看不过眼就一个一个捡。老头说，你捡不完的，一开始我也捡，可是只要掉到地上，捡起来他们也不要了。父亲还是捡，一个年轻人还以为他爆不起，硬要给他一碗。一天，一个三十岁左右的女人带着孩子来爆米花。走的时候，孩子抓了一把爆米花边走边撒。对于孩子来说，那些爆米花一定像星星一样，他追上去说，不敢撒，这造孽哩，小心雷抓你的头。孩子被他吓哭了，女人回头恶狠狠地说，狗拿耗子多管闲事，宝宝不哭，撒，别管他，想咋撒就咋撒，没看他是个讨吃。女人说着竟然也抓了一把撒在地上说，撒撒撒。那娃不哭了，边走边撒。他呆愣了，忽然吼一声，你再撒看我不……那娃哇地大哭着藏到女人背后去了。这是一个农民的本能反应，在乡下你这样糟蹋粮食，谁见了都会这样，吼你算轻的，不抽你两巴掌才怪哩。那女人扑上来说，你干啥？你看把我宝宝吓的，你神经病呀。女人走到远处了，还回骂，这个老不死的，这世上啥人都有。我正好回来，过去就跟那女人理论起来，他拉着我说，你回去，回去。老头说你管不了，管不了的，现在都一个娃，惯得和皇上一样，要脚不敢给手，只要能哄得娃高兴，他们才不管造不造孽哩。父亲说这么造孽是要踢江山的。老头说他们不管江山，只管找乐，咋乐咋来。父亲说可找乐也不能造孽呀。老头说不造孽哪来的乐子？从此爆米花的老头来了，他也不去了。

“三聚氰胺事件”发生后，小区来了拉奶牛来卖牛奶的，人们踊跃购买，有的人奶挤进瓶里直接就喝了。尽管报纸电视上说直接挤牛奶喝不安全，这超标那超标的，但人们相信直接从牛身上挤下来的牛奶总比牛奶厂加工过的牛奶安全。几年了，拉奶牛来卖牛奶的经常来，还是很有市场。对于跟牛打了一辈子交道的父亲来说，终于在城里见到了一头牛，“哞——”的牛叫声是那样的亲切。他买了牛奶就那么站着，还伸手拍拍那牛，直到拉牛老头卖完牛奶离开小区，他就像送亲戚一样送出大门才回来。有一天，他竟然跟着那拉牛老头走了，当我们找得惊心动魄的时候，他打来电话说晚上不回来了，明天回来。他的声音有些怯怯的。第二天，他跟着那拉牛的老汉回来了。

父亲在家里就像个客人，寄人篱下似的小心翼翼，看我的目光就像一个乡下人看一个城里人，游离飘忽，充满谦让甚至卑微。在老家他是那么威风八面的一个人，那是他的地盘，土地就是他的江山，家就是他的王宫，那炕就是他的龙榻，他斜躺横卧，或蹴或坐，他就是王，怎么舒坦怎么来，怎么爽快怎么来。他的目光从不游离飘忽，看什么像钉子一样坚硬，你只有把目光躲开。我这个家让他不自由了，他事事处处时时赔着小心配合我们，我们更是时时处处事事赔着小心，这让家里气氛怪怪的。是啊，一个在家里都不自由的人，那就是彻底失去了自由，哪有幸福可言。

父亲陷入孤独中去了，这正是我担心的，老人孤独了，最容易患痴呆、抑郁。怕他孤独，每天吃过晚饭，我总要陪他坐坐，陪他说说话，他尽力配合着我，可我坐在他对面或旁边，分明感受到他的不自然甚至是紧张，更重要的是他无话可说，只是一根接一根抽烟，听我说，就像我们不是在说话，而是在谈话。他一个劲儿说你别管我，你忙你的去，你写你的字去。这连我也感到受罪。为了逃避和我说话，吃过饭他早早就上了床，灯也不开。我说，你把灯开着。他说，睡觉呢么，开着灯做啥。我知道他睡不着。我写东西到深夜，听到打火机吧嗒的声音，他没有睡去，在漆黑中坐着。在老家他睡觉多好，头挨到枕头就呼呼的，那是一种全身心的休憩。自从进城后，他的睡眠出了问题。他抽烟抽得凶多了，虽然门关着，但在门口就能闻见烟味。我睡眠不好已经好些年了，娘跟他说了，他想不通我为啥睡不着，说我咋就睡不着呢，小时候多能睡，没少挨巴掌，筛子头那时候天天一大早就跑到家里来，就是想让扇我的尻子哩。是啊，我那时候多能睡。一天晚上，半夜醒来，我敲敲门进去，屋子就像烟洞。父亲有些慌乱地说，你、你咋还没睡？快睡去。我说我也睡不着。他叹口气说，坐坏了，天天那么坐着，干上一天活，就怕睡不醒哩。

父亲最开心的是孙子孙女回来。我三个孩子，断奶后都是父母带着，他们都是在父亲的脖子上骑大的，一直到上小学才进城念书。他和他们有话说。我对孩子们说，再忙，也得抽空回来陪陪爷爷，每人至少一周回来两趟。父亲白了我一眼说，胡发啥命令，他们把工作撂了，把家撂了，我有啥陪的，娃正是干事业的时候，别影响他们扒前程。儿女们确实都很忙，大女儿是老师，除了日常教学，还要补课守晚自习；儿子是记者，一天到处奔波，有时一个月都不见面；小女儿是银行职员，站柜台的。他给孙子们安顿说，你们一天在街上跑，要小心哩，城里凶险得很，人害怕人哩，打架都提着刀、铁棍，真下手哩，打得血里糊拉的，吓死人了，有多大的仇，打死不给人家抵命了？这种事你们见了绕着走，可不敢往跟前凑。他说，你们买东西就到商店去买，别在路边买，爷在路边买了十斤香蕉，提到手里觉得轻轻的，爷的手就是一杆秤，五斤的东西掂掂，估出的斤两不差二两；爷找了个秤称了一下，少了三斤，爷跟商贩去讨公道，人家还要打爷哩。

年关到了，在老家大年三十是要上坟的，父亲早早就买回了纸和供品。孩子都有车了，我说回家上坟吧。他说算了，就在十字路口烧吧。我说有车，方便。他说一来一去远的，回来半夜了，娃都还要看春晚哩，算了。我说春晚有重播，明天也可以看。他说算了，现在多数人在外面打工，都不回来，都在外面烧了，老先人也都知道，习惯了。我知道他心里在乎，坚持说还是回去上坟吧，明早咱们五更动身。他说你咋这么黏糊，算了！

既然年三十不回老家上坟，我就想着一家人去海南过年，在老家干旱像梦魇一样折磨了父亲一辈子，我想让他看看大海。可是跟他一提，他说过年不在家里过，跑到外面去？老先人不顾了？规矩不讲了？我说到那边找个十字路口也能烧纸，烧纸到处都一样。他一绷眼睛说，路上有家吗？这里是家，老先人回来哩。是啊，按老家的说法，逢节过年，祖宗都会回到家里来的，还有与我们生活息息相关的各路神仙，礼敬也不能少。我想那就等五一吧。

三天年过了，初四这天，父亲说，你给我找个看大门的活吧，要不像那老汉拉牛卖奶的活也行。我看城里像我这么大年纪的人还干活的不少哩，你问问看，钱多钱少都行，咱们又不是为了挣钱，就是有个活干，这么待着……他停顿了一下，又说，过了七十活不好找，我听他们说办个假身份证，年龄往小办个十几岁，揽活能行哩。父亲七十一了，给他找活干，我于心不忍，也说不出口，可他无事可做，我真担心他的身心健康。

有一天，单位几个同事不知怎么就说起习俗来，提到了二月二，我猛然想起，一看日历，二月二过去半个月了。我竟然把二月二给忘记了。这些年来，我几乎再没想起过二月二这个节日，头发长了经过理发店就理了，二月二这个节日已淡化成一种记忆。加之开年工作总是很忙乱的，而父亲总是戴着一顶有帽舌的蓝帽子，即使是在家里也总是戴着帽子。我说，在家里你把帽子抹了去，戴上捂的。他说戴惯了。我没有注意到他头发长了。他一定记着二月二。在老家二月二剃头是雷打不动的，头发长短没有关系，即使有些秃顶，二月二也得去剃刮一下。二月二，龙抬头，家家户户炒豌豆，老爷娃子剃光头，家家户户套耕牛。头一剃，一切就都活了，地里的草、蛰了一冬的虫都活了，庄稼就开始种了。孩子惦记的是炒豆豆，蚕豆、豌豆、黄豆、玉米，所有的豆子都要炒一些，倘若家里有麻子，就会炒麻麦，人说：麻麦，麦麻，香破脑瓜。我们上学时都带上炒豆豆交换着吃，还给老师带一些。

回到家，我很歉疚地说，你看把二月二给忘了。他说忘了就忘了，就是应节气的事，没啥，没啥。他是一点脾气都没了。我知道他内心有多齁，一年一共几个节，你忘了？他肯定去找过那个国营理发馆，因为地方远，想必没有找到。到了理发馆，他抹了帽子，我看到他的头发豁豁牙牙、一坨一坨的，明白他自己用剪刀剪过。在老家，如果出门赶不到有剃头的地方，自己得在头上动刀剪，这叫应节。节日是由于道德观念和风俗习惯而形成的仪节，过节是一种礼敬，而所有的节气都带着一种祈愿，大家朴素地认为，只有认真过节的人才会有好运。

三月的一天，父亲接了个电话，坐在那里发痴。我给他买手机，他不让买，就拿了我淘汰的那个。他说，花那钱做啥，就打个电话接个电话，我不会用，买个新手机弄坏了，旧手机不怕坏。我说，老家谁家出啥事了吗？他说，你马虎叔没了。我“呃”了一声说，啥时间的事？他说，“七七”都过了，你长生叔也是，这时间才给我打电话，有病时就得给我说，连人没了也不给我说，咋也得看看，也得送送，从拉长工我们就在一起，一起活了一辈子么。他长吁一口气又说，我们这一茬人十几二十个，除了早年死掉的几个，你马虎叔是第一个走的，一茬人就像一堵墙，要是有一个走了，就像墙塌了一块，掰开个豁豁，就都陆陆续续地走开了。

一个周末，下起了雨，儿子回来了，爷孙俩坐在阳台看雨说话，他说，春雨贵如油，这时间这雨要下在咱老家，那就是下收成哩，今年肯定有个好收成，不知老家下着么。孙子说，爷，你想老家了？他说，想得很么。孙子说，我也想老家哩。他嘿嘿一笑说，那你没爷想么。孙子说，爷，你咋就是不喜欢城里呢？他说，就像你不喜欢老家一样。孙子说，爷，你一天待在家里闷不？出去逛逛，公园里走走，街上转转。他说，有啥逛的，到处都是臭味儿，连风都是臭的。到处都是响声，脑子里嗡嗡嗡的整日像过火车。头上就像扣了个瓦盆，木愣愣的，想扯着嗓子吼两声都没处吼去么。再说一个人都不认识，就像个瓜子一样，越逛心越慌么。孙子说，爷，你要慢慢适应哩。他说，爷适应不了，要是再年轻十几二十岁，爷就能适应了。爷没想过做个城里人么，就像你没想过做个乡下人一样。你爸是爷的活，这个活爷干得漂亮哩，咱们那方圆出了几个大学生？你爸的文章学生娃当课文地念哩，爷风光哩。孙子说，对啊，现在你活干完了，干漂亮就该享福了。他说，要说好吃好喝的，闲闲儿地坐着，又没啥负担，啥心都不操，人不操心了就享福了，还要咋？可爷坐不住么，待不惯么，爷是个贱坯子，这福是你们的福，爷享不了么。爷的福在老家哩，天宽地展的，看着那山沟树木鸡狗猪羊土地，就觉得亲。唉，人把苦下到哪达哪达亲，这你不懂。你爸就是爷的一个想象，就像爷坐在山头上看鹰飞，鹰一遍一遍往高里飞，看看就行了，还能跟着鹰飞么？你爸事业干得越大，越来越有出息，爷想一想，高兴高兴就知足了。

父亲问孙子，城里死了人是不是不让出城？孙子说就是，必须火化。他说，那麻达了，爷死了，你爸把爷一把火烧了可咋整？孙子说，埋到公墓里多好，到时把我奶奶搬来。他笑着说，光管你爷你奶，我爷我奶我大我娘你不管了，哪天爷头一歪死了，可千万不敢一把火把爷烧化，我得回去给你太爷暖脚哩。

这些话听上去是父亲在和孙子说，其实是在给我说。母亲去世后，我们之间没了传话使者，他只能通过这种方式把心声表达给我。

儿子对我说，爸，把我爷送回去吧，我爷待得挺可怜的。我又何尝没有这种感受呢。

这天，我到了单位，发现手机没带，便回家去拿。如今不带手机就跟瞎子聋子一样。到了门口我听到了呜呜咽咽的哭泣声，是那样的伤心。我知道父亲待得不容易，可没想到他是这样的不容易。他竟然在哭泣。我不敢打开门，我知道他不想让我心里有事。我感到一种痛，那是一种钝痛，你说不出道不明哪儿痛，但却感到周身痛。这是他的痛，我感受到了。我在门口站了站，又上班去了。

人是需要审视自己的行为的。我一直以为不让父母再做苦力就是享福，而自以为是地认为父亲拼命似的把我培养成一个城里人，就是为了摆脱这片接了他一辈子的土地，我以为我把准了他的脉，现在看来是多么幼稚可笑多么愚蠢的自以为是。我并不了解他，我没有站在他的角度去理解他。干活，干着活着，这是父亲的哲学，他并不认为劳作就是不幸。苦下到哪达哪达亲，这是他常说的一句话。亲是一种恩，也是一种威；亲是一种舍，也是一种得。一个七岁就出门拉长工，在土地上跟头流星地生活了七十多年的人，他已经在土地上长成了一棵大树，枝枝丫丫都扎根在土地里。用时尚的话说，他的光荣与梦想，他的苦难与幸福，他的年轮与岁月，他的思想与认知，都是在这方土地上完成的。在土地上，他是有活的人，有话的人，有思想的人，有事业的人，有话语权的人。坐在田埂上的他，掮着锨的他，走在田野里的他，器宇轩昂，威风八面，他就是自己的佛，就是自己的主，就是自己的神，这里就是他自己的天堂，站在山梁上，那就是顶天立地的一个王。我却硬把他从土地上剥离开来，就像剥羊一样，但比剥羊更残忍的是羊在死了才剥，而我这是活剥。我让他的生命失去了依附，让他失去了被需要被尊重，让他失去了自我。

人活的就是一个过程，这是父亲说过的话。这是有道理的，人只有在过程里才会感受到快乐与幸福。加科莫·莱奥伯尔迪说：“幸福不是别的，其实只是对自身存在和自己生活形态的一种完全的认同，不管这种形态是什么样子，也不管它让别人觉得多么卑微。”池田大作说：“所谓幸福，可以分为两个类型，即因欲望得到满足的幸福与自觉地完成自己该做的事之后的生命充实感。”戴尔维希说得更直接：“幸福是在太阳的光线中，在麦子的颗粒中，在人们的力量中，在劳动中，在休息中……”而这些年我只要一想起父亲，就是掮着锹站在田地里，走在田野中，这是他今生给我留下的永恒形象，我却硬硬地把锹从他肩头拿了下来。我想到挪威诗人奥拉夫·H·豪格的那首《请不要给我全部真理》：请不要给我全部真理，请不要给我大海让我止渴，请不要给我天空，当我吁请光明，只给我一线微光、一滴露水，一点点，像浴后之鸟身上的水珠，像风中的盐粒。

说实话，搬父母进城的十几年来，我已近知天命之年，连我也开始回望、留恋老家的生活。而写作的二十多年中，我一直在写着故乡，写着老家，我所有的作品都是在写故乡，在写土地。当我神思恍惚、灵感枯竭，只要回家，我就会获得写作的灵感，倘若有人站出来说，不许你写故乡，写土地，那我只有等死。诗人、作家从乡下走一回，就能写出那么多赞美土地与劳动的作品。

而我又是多么自私，只是站在我的角度思考问题，觉得自己在城里生活，把父亲一个人撂在家乡的土地上受苦，那是要遭人耻笑的，既耻笑他，又耻笑我。于我是不孝，于他是失败。不可否认，在我的内心有一种刻骨的虚伪，我是在做给别人看。

这天我提前下班，回到家，见父亲坐在阳台上望着外面发痴，侧影看上去那般的颓废沮丧，似乎在这半年的时间里，他一下子老去了好些年的时光，他成了一个垂垂老者。他完全沉浸在了回忆中。当代西方大哲乌纳穆诺曾说：记忆是一个人的存在方式，人失去了记忆就失去了存在的前提。可我害怕的是他只剩下回忆了，回不到现实生活中来，那样他就会患上老年痴呆甚至抑郁症。

我在父亲旁边坐下，他看看我，没有像往日那样说你忙你的，我想他有话要跟我说，可他一直没有开口。我说，大，你想啥呢？他说，没……没想啥。我给他点了支烟说，咋会啥都没想呢？他嗫嚅半晌说，我梦见你娘了，自进城以来我一直没有梦见她，我心里骂过，真的走了，真的缘分尽了，连个梦都不托。我眼泪落了下来。

他说，我在南山坡上犁地，你娘给我送饭来了，我坐在地头吃饭，她还像以前那样坐在地头上纳鞋底。鞋底还是纳成了“蛇抱九蛋”和“喜鹊登梅”，蛇蛋是绿的，蛇是花的，梅枝是黑的，梅花是红的。我问你娘，蛇蛋怎么是绿的呢，你见过？你娘笑着说，蛇蛋不是绿的是啥的，你见过？我又说，梅花枝子怎么是黑的？你娘说，那你说是啥的呢？你娘是常有理哩。你娘说，这双鞋做好就该准备冬衣了。我吃完饭，她提起罐子说，那我走了。我说，你走哪里？就在地头纳，牛也乏了，再犁两趟该卸牛了，一达里回。可你娘不说话，就走了，我喊你娘，你娘也不应，就那么走了，我大声喊，她就像没听见一样，结果我把自己喊醒了。

他是编不出这样让我泪水盈眶的故事的。但这是以往的日常生活场景，是他白日里的回忆混淆成了夜晚的梦境？奇怪的是我也梦见母亲了，也是同样的场景。母亲真的来家里了。

父亲说，我迷迷糊糊又睡着了，又把梦续上了，我正犁地哩，你娘又风风火火地来了，说窑门塌了，还说她养了一群鸡，让黄鼠狼都快拉光了。

这我没梦见，或许是编的，或许是真的。我有个同学那年搬父亲的坟就是因为一个梦，说父亲托梦给他说腰疼，这梦他一连做了三遍，觉得蹊跷，请了阴阳搬坟，坟打开，他看到有树根从父亲的腰下穿过。

父亲看看我又说，死人托梦说的是阴间的事，我想是你娘坟上有啥事，坟堆让羊牲口踏平了？让大风刮平了？你长生叔说今年雨水广，多少年没有过，我想怕是黄鼠狼在坟里打洞住进去了，水从黄鼠狼洞灌进坟里了。

我决定送父亲回家。在送他回家之前，我先陪他去了趟北京。父亲那个时代的人对毛主席有着无可替代的感情，他一直有去北京瞻仰毛主席遗容的念想。本来我打算五一带他去海南，十一带他去北京。我觉得像父亲这样的人去北京旅游，最佳时间是十一，除了风景美，还有国庆节的各种活动。

毛主席纪念堂要过几天才开放，我带着他先游览天安门、故宫、天坛、颐和园、十三陵地宫、景山的“罪槐”、北海的九龙壁。天安门广场的大理石地面让他震惊，说这一块得不少钱吧，这么大的场子，得花不少钱哩。我说就是。他笑笑说，也该这么阔气，首都么，穷气了让外国人笑话。八达岭长城他不想去，因为我们老家就有长城、烽火台。我说不一样的。虽然他已过了七十岁，但登长城比我厉害，他说，你这身体是坐残了。他问我，毛主席说“不到长城非好汉”哩，说的就是这里吧？我说，不是，是在咱们宁夏的六盘山。香山他不想去，说跑，到北京爬啥山？口气颇有些不屑。我笑着说好多皇上都爬过哩。他说，在他家门口，他不爬？要是皇宫在咱们老家，咱们那些山皇上不也得爬？景区只要有揽照相生意的他就要照相。我说用手机照，不比相机差。他说你照的又洗不出来。我说能洗出来。我明白他的意思，老家人没有影集，相片用木头相框装起来挂在墙上，让人们看，也是一种显摆吧。他还是想着回去，看到照片老家的人就都知道他去过北京了，他就这么点虚荣，也是为我撑面子。因此，只要有北京地标性建筑之称的，只要有“北京”字样的景点，甚至在一些很拙劣的雕像、造型前，我就给他照相。他很认真地配合。

游了故宫出来，父亲就要回去，因为毛主席纪念堂还要三天才开放。我说既然来了就等着看看。他说住这里一天要花不少钱。我说再专门来看一趟毛主席，哪个多哪个少？于是就带着他转公园，他转得倒挺高兴，我想大概是跟公园不收门票有关。他要买东西，我说北京有的，银川也都有。他说，出了趟远门，不给娃买东西咋行？我说，你买了他们不一定喜欢，他们挑剔得很。他说那就买吃的吧。从毛主席纪念堂出来，他有些悲伤，感叹说电影上看那么魁梧，躺在那里不大么。又说，多么伟大的一个人，全国人民喊万岁哩，也没活过百岁。

从北京回来，他说：“清明快到了，我回去上坟。”

我说：“清明到了我们一起回去上坟。”

他说：“清明有个人上坟就行了，你忙你的，大老远的，跑这一趟做啥，没人笑话，现在多少人几年不上一回坟。”

我说：“现在有车，方便。”

他说：“清明还有十来天哩，我……我回去想住些天。”

我咬咬嘴唇说：“那明天就回吧，正好周末。”

他说：“不用，你忙你的，我去车站坐车。”

我说：“这么远的路，不送我心里能安？”

他迟疑了一下说：“那，那好吧。”

他忙不迭地收拾行装了，我想何必要等到清明，早清明晚十一，清明是可以提前上坟的，不能超过一周。明天正好周末，我说：“咱们明天就回吧。”

他说：“好好好。”

他把自己的东西都装捆起来，就像一个来浪的亲戚，我笑了，说：“大，再找找，别落下啥。”

他也笑了。

我说：“回去你就住着吧。”

他看了我一眼，激动得在地上转圈圈，转了好一会儿，说：“晚上把孩子们（他已经不说娃了）叫回来一起吃个饭。”

父亲喝不了多少酒，但今儿有些贪杯，几个孩子给他敬，他端过去就喝，我拦他，他说没事，喝酒是个心情。回到家，我让他早点睡，他坐在沙发上，拍着旁边说：“你坐，坐。”

我坐下，他说：“我知道你为难，我不跟着你进城享福惹人耻笑。其实，现在不是那些年了，都在城里打工，村上几个儿的都没一个在老人跟前，谁笑话谁？有些老人病得趴在炕上，儿孙在哪里？周大多日能的人，儿女一个个都在人前头走着哩，老两口都过八十的人了，也都在老家蹴着，身边一个儿孙都没有。”

周大的儿子在市上当局长，把弟兄姊妹几个提携得都像人中龙凤一样。

他停顿一下，看看我又说：“我身体还好着呢，待在城里孤慌得，一辈子在老家待惯了，就这么个命。”

我说：“可你回去吃喝上……”

他嘿嘿一笑说：“吃喝上没麻达，这些年我啥都会做了，一个人的饭么。”

我说：“可千万不敢胡凑合，老了营养要跟上。”

他说："这我知道呢，现在又没啥负担了，就剩下个吃喝了，不会亏嘴的。"

我给了他两万块钱。我知道他还会下苦，他是个闲不住的人。

他说："我要这么多钱干啥？我拿一万吧。"

我说："拿着吧。"

他说："我不会乱花的。"

我笑笑说："这世界上谁都可能乱花钱，就是大不会乱花钱。"

他说："城里我实在待不惯，要有一分奈何，我也不回去。"

我说："别再没明没夜地下苦了。"

他嘿嘿一笑说："干不了啥了，七零八碎的活干干，活干惯了，一天不干点活浑身硬巴得很。"

我说："回去有合适的，再找一个。"

他说："你以为我四十五十，过七十的人了，有今儿没明儿的了。"

一路上父亲很兴奋，到了镇上，正逢集，隐约听到锣鼓梆子声，有大戏。现在乡镇逢集都唱大戏，县上剧团演出不景气，演员就和跑山串村的戏班子搭班子撵集市唱，一张门票收个两三块。他拍着椅背说，你把我放下，我赶个集，你吃碗烩肉就回吧。我说，镇上离家三十多里路，这大包小包的，赶完集我送你回去。他说，送啥送，有蹦蹦车，两块钱，值个牛价马价。

又说，我还要看一场戏哩。我说，我也看大戏哩。他说，你这娃咋这么黏糊，回到这里就回到家了，还怕把我丢了，我看完大戏坐个蹦蹦车就回去了，你快回。我说，大，你从小把我架在脖子上看大戏，我也爱看秦腔，也好久没看这乡村大戏了。他嘿嘿一笑说，真的假的？我说走，看戏。

看戏出来，我买了烧纸香表，想着一回村，那些老伙计就上门来了，得让他们好好喝上一场。我各样熟肉买了一大包，他用塑料袋各分出一些上坟用的供品。进入村庄，他说先去上坟吧。到了坟地，看到娘的坟堆果然有小兽刨出的洞穴，不过已经有人给填了。他说，是你长生叔填的。

烧过纸，我们坐在坟地里吃烟，我知道他今生不可能进城生活，再进城就像浪亲戚，我说："盖几间房子吧。"村上有些人已从窑洞里搬出来，我们家一直住在窑洞，因为总想着搬他们进城。他绷着眼说："你回来住？我还能住几年？花那钱做啥？"我说："你看村里……"他打断我的话说："比啥比，要比的话他们在城里有楼房吗？别跟人比这些。盖了房子的都后悔得抓腔子哩，儿孙都在城里打工，回来已没可能，花了那么多钱，想卖又卖不掉。"又说，"我们这一茬人死了，庄子也就死了。"

一进庄子，老墙根下是一帮老汉，都是同他一起下苦几十年的老伙计。"农业学大寨"那会儿，他们组成大队红旗突击队，像陈永贵大战狼窝掌一样放炮开山修梯田，都是上过省报的。

现在都已经是七八十岁的老头了。

父亲早早地就叫着下了车。

“我还当你到那世了，还活着啊！”

“你都活着，我不活着？”

“咋回来了？不是享福去了么。”

“享不了那福，连出个气都挤么。”

他们你捣一下，他捣一下，就像好久没见的小伙伴。

“待不住了吧？土都埋到脖子里了，还跑到城里享福去了，那福是你享的？”

“咱们生是这里的人，死是这里的鬼，烂都得烂到这块地里。”

“我们这些人是你想撂脱就撂脱得了的？”

“跑到城里享福，死了让儿子一把火烧了，到那世上哪达找你去？”

他看看天空说：“你回吧，忙你的去。”

我说：“多久没住人了，总得把窑洞收拾一下。”

他说：“你长生叔在里面住着哩，赶紧回，夜不观色，再黑就从这山里出不去了。”

我说：“今儿周末，我住一晚上。”

他说：“你住下做啥，快回去。”

“回吧，饿不下你大，别扯心。”

“苦下到哪达哪达亲，你大享不了你的福。”

“没人笑话你，现在都啥世道了。”

“你大一辈子都砸在这里了，离不开了，你就是当了国家主席，紫禁城他也住不惯。”

他们这么说着。

我很想住下来，可我只能回了，他们有自己的狂欢盛宴，我就是个搅打。看着他们快活的模样，我才明白，他们的福就潜藏在他们习焉不察的苦难的空隙里。

我们描述过多少乡愁，哪里比得上这些没文化的叔叔伯伯一句“苦下到哪达哪达亲”呢？

回家成了我必须做好的一门功课，好在我有车了，现在假期多，还有公休假，路也好走，一条公路从塬头上经过，土路只有二十多公里。

翻年五一，我回去了一趟，远远地就看见父亲还在那片山梁上犁地。他跟着那对牛，一拐一拐的。父亲的腿没毛病，他是在踹犁翻起来的土疙瘩，这一点我太熟悉了。要是那一块土疙瘩给翻起来的土压住，他也要踢出来踹碎，土疙瘩埋进地里就像人体里的肿瘤。

从犁地情况看，他是歇过晌才套牛犁的，我说：“我来犁。”

他说：“你犁个啥地，到峁头上照风景去，今年雨水好，山沟都绿了。”

我说：“我想犁地。”

他看看我，笑着说："真想犁地？"

在我离开村子以前，我最愁的农活就是犁地——跟着一对牛或驴的尻子后面，没完没了地走上一上午，到了三伏天，得走上一天。犁地是庄稼汉一门顶要的活计。地要歇好，三遍犁到，一年里从四五月开始一直到仲秋，天天都在犁地。一年的庄稼两年做，人误地一晌，地误人一年，说的就是犁地。为了犁地，我没少挨父亲的吼骂，每次冒了重了，他就会一把夺过鞭子抽过来说，你看你犁得弯弯扭扭的像个猪鞭子一样，你这是犁地吗？这样犁地，吃风屙屁呀！我被这个永远重复而且毫无新意的活完全干烦了也干垮了，一提犁地我就头疼。有一次我装病，他一眼就看穿了，抽了我三鞭子说，有本事一辈子别靠犁地吃饭，才算个儿子娃娃。

父亲把鞋扳了下来，在犁把上磕去鞋壳郎里的土，递给我说："把鞋换一下，你那鞋是坐着穿的。"

我说："精着脚犁地，那才爽快。"

他嘿嘿地笑了，精着脚跟着我，我说："不放心我犁地？"

他说："不放心么。"

我不好意思地笑笑，他说："你天生就不是吃这碗饭的，为了犁地你挨了那么多打，还是没把地犁好；念书我不懂，管不了你，你倒是给念好了，人的命，天注定。"

我说："我能有今天，都是你打出来的。"

他嘿嘿地笑着说："也没咋打。"

我犁出的犁沟歪歪扭扭的，一会儿冒了，一会儿重了，他已经很宽容了。

走了一截，他回去穿了鞋说："人不服老不行，上了年纪了，脚底受不了寒了，年轻的时候犁地穿鞋，那是要招人笑话骂烧料子（烧包）的。"

他说："再多种不动了，就种了十几亩，有个活干。"

我现在和他说话，都很少叫"大"了。多年的父子成兄弟。汪曾祺先生的话有着至真至诚的感受。

歇缓的时候，我们躺在峁头上吃烟，他看看我说："腰酸腿困胳膊疼了吧？"

我笑笑说："疼得很舒服。"

他说："就是，人是个贱坯子，不疼不痒的还不舒服哩。"

哲理并不是有一定知识的人才能说出来，人到了一定的年龄，就能讲出哲理来。

父亲说："其实我到了能犁地的年纪，也最愁犁地了，没少挨主东家的打骂，没出路，没盼头，只能把地往好犁。"

我说："你那时候一定也不愿意在这里待吧。"

父亲说："十几岁上跑出去过，当时想着饿死都不会回来。"

我笑着说："当时是壮志凌云吧。"

他笑了说："就是。"

我说："你懂意思吗？还就是。"

他说："别小看人。'久有凌云志，重上井冈山。千里来寻故地，旧貌变新颜。到处莺歌燕舞，更有潺潺流水，高路入云端。过了黄洋界，险处不须看。风雷动，旌旗奋，是人寰。三十八年过去，弹指一挥间。可上九天揽月，可下五洋捉鳖，谈笑凯歌还。世上无难事，只要肯登攀。’”

我啧啧啧地说：“我都背不下来了，你要念书，比我有出息。”

他说：“跟老子抬杠？”

我说：“不是，真心的。”

他说：“那会儿世道不好么，想着做个别的，可世道不好，兵荒马乱的，又无力程，只能继续拉长工。”

他说：“你爷抽大烟把一份光阴败了，把你小叔小姑都卖了，我还念啥书？”又说，“不过话说回来，要不是抽大烟，那份光阴至少也是个大地主，那几年怕就给斗死了。”

缓起来，他要犁，我说我犁，他说：“犁上两趟过个瘾就算了。”

我说：“我真想犁。”

他说：“你看多少地都撂荒了，刚包产到户那几年，哎呀，为了巴掌宽的一绺子，跟人打架骂仗的，现在川道、窝子地都没人种了，都撵钱去了，要是再年轻十岁，我把这些地全种了。”

还不到黄昏，父亲就说：“卸地。”

我说：“还不到卸地的时候哩。”

父亲就说：“卸吧，你走起来都打摆子了。”

我就笑笑，确实是这样，我有点走不动了。

父亲嘿嘿笑着说：“你不是睡觉作难么，今儿晚上你能睡个好觉。”

绰号里的童年

小学同学建了个群，命名为“老家”，入群时的第一条规矩就是拒绝网名，要求都用官名。老家的孩子一生下来，会有一个名字，叫小名，很随意的，比如喜娃、福蛋、小龙，虎子、狗剩子、挖耳子、春生、秋喜、单五、立春……长到大一点或到入学时，宗谱保存下来的，依宗谱取名；宗谱遗失的，就求先生取大名，也叫官名，多寄托希望、抱负，比如鹏程、志远、炳章、本义、立邦等。我进群一看，竟然多数想不起来，对不上号。是啊，童年谁以官名称呼，两三岁以前都叫小名，之后就都有了绰号，之后虽有了官名，谁会以官名招呼，即使入了学校，都是叫绰号。毕业后又各奔东西，都进城打工，多少年不见一面，官名谁还记得。我提议大家在群里用绰号，得到了热烈响应。当大家以绰号出现后，竟然全对上号了。一个个绰号，亲切而响亮，就像一张张老照片，音容笑貌，一下子扑到了眼前。

绰号，就像为童年的时光点亮了一盏灯，往事一涌而来。

尿壶

尿壶的绰号来自“破四旧”。严格意义上讲，他的绰号不是我们给他取的，是他爷叫出来的。尿壶原本的绰号是“水嘴”。他老是收不住涎水，嘴经常水啦啦的，到了冬天，他的嘴巴四周总是潮红潮红的。现在想来，可能是口角炎。

我们大队的“破四旧”开始得比较晚，应该是在全国轰轰烈烈开展大半年后才开始的。一开始只要求每家每户自查自清，老货旧物要全部上缴砸毁，大家都不积极，因为被划定的四旧许多是装饰、用物。后来工作队就带着民兵一家一户上门收缴。于是雕刻了祥禽瑞兽的家具、门窗、老画张子（字画）、宝卷（古书）、皇历、牌匾、对联、大门楼上“书香门第”“耕读传家”之类的砖雕、屋顶上兽禽、门前的石狮子等全集中到麦场上，能烧的烧了，烧不了的砸了，砸不烂的埋了。工作队还不满意，又召开了大会，第二茬就都盯上了家里供奉的神佛雕塑像、祖宗牌位以及大户人家祖坟里的墓碑等。

工作队知道家家还藏匿着四旧，就发动孩子从家里翻找。发动孩子，许愿诱惑是最有效的。他们说孩子是革命小将，是“破四旧”的主力军，上缴的四旧上缴的东西都记数，到时候还要评“破四旧”积极分子，谁缴得多，就评给谁，首先考虑加入红小兵。陈武寨小学已经有了红小兵，他们都戴红袖箍，在学校还扛红樱枪，风光着哩，还自发地斗地主。孔老二的哥哥就是因为没当上红小兵，老受红小兵的欺负，不念书了。但我们还没念书，干部对我们说，我们会记下来，到时候会给学校，你们上学后就用得上了。孩子的积极性就被调动了起来，那可是一股不容小觑的力量。

已经上学的孩子像老鼠一样翻箱倒柜想方设法从家里搜东西，争先恐后地往麦场上抱，怕交得少了落后了评不上积极分子，当不上红小兵。转脑子家老东西多，已上缴了不少，他又把他爷藏下的宝卷偷出来上缴了。转脑子抱着宝卷在前头跑，他爷在后面撵。转脑子跑出一截就站下冲爷爷笑着说，爷，你咋不服人么，你看你咳嗽气喘的能撵上我？我大（爹）都撵不上我，我抓住过兔子你忘咧。他爷大口大口喘着气说，宝蛋，爷的宝蛋，你把宝卷给爷留下，爷再给你找些四旧。转脑子说，爷，你再不能念宝卷了，你看你把眼睛都念到坑里去了，猪头他爷比你还大两岁哩，眼睛还能认针哩，你连狗都看不清了，不然咋能让咱家狗咬了。转脑子的爷爷眼睛麻了，有一回走路时一脚踩到了自家的狗身上，让狗把一条腿咬了几个血窟窿。一摞子宝卷烧了，转脑子的爷爷站在火堆旁跺脚号哭。干部说，老汉，你孙子救了你哩，你藏下不缴，让我们搜出来，你就等着戴帽子上批斗台。转脑子的爷爷说，这也戴帽子？也批斗？干部说，你还识文断字地读宝典，这都想不明白？转脑子的爷爷掉头就走了。几个没上学的孩子都上缴了东西，可我家实在搜不出老东西了，真是急死人。鸠山抱了一个面盆跑，他娘撵着说那不是老东西，是年时（去年）用一只鸡从集上换回来的，光溜的和个面可美气着哩。鸠山说，明明是个老东西，花子（图案）和盆底的字跟白蒿子缴的一模一样。干部看了说，这底子上的字是繁体字，就是老字，写了老字的东西就是四旧。干部将面盆举过头顶摔到地上，那盆就成了一堆碎片。我和尿壶抓了那有字的碎瓷片看了看，就都往回跑。

我家有一对盛菜籽的瓷瓶，上面也有字，我一个都不认得，我虽然还没上学，但墙上的标语都认得，瓷瓶肯定是四旧。我倒掉菜籽抱着就跑，奶奶喊了一声，你个毁材子，抱瓷瓶做啥？我说这上面有老字，我一个都不认识，肯定是四旧。我大冲进来吼，你个狗日的，这世上有多少字，你才识下几个字。娘说，你还没上学，积极个啥么？我说鸠山他们也没上学，都上缴东西，我不能落后。奶奶从口袋里摸出一块钱冲我说，好先人呢，那是我娘家给我陪过来的，那是奶奶的个念想，把宝瓶给奶奶，奶奶给你钱，你想咋花就咋花。我想想就把宝瓶给了奶奶，拿了一块钱。我大踢了我一脚说，再跟上疯子扬土，我扒了你的皮。说着一把就把钱夺了去。奶奶说把钱给娃，给娃噻。我大说，他把迎人的事做下了，还给他钱，惯他这毛病。奶奶说就给娃噻。大说给也不能一块的给。奶奶跺着脚说给他噻。我大恨恨地把钱塞给我说，你狗日的给老子小心着点，以后再祸害家里，我抽了你的筋。奶奶摸一下我的头说，去小卖部花去，再不敢打奶奶这对瓶的主意，给人也不能说。嘿，一块钱能买多少东西啊，水果糖一毛钱都能买八个。

我没抱出那对瓷瓶来，尿壶却抱来了他爷的尿壶。他爷的尿壶底子也有字，是老字，他常给他爷倒尿壶，当然发现了。他抱着尿壶在前面跑，他爷在后面追着喊，天顺，爷的尿壶！天顺，爷的尿壶！嘿，尿壶，这可不是一个好绰号嘛，比水嘴有趣多了。于是我们就叫他尿壶，一见面就喊，尿壶，爷的尿壶！尿壶，爷的尿壶！

尿壶把他爷的尿壶抱来，干部吼骂了起来。尿壶说，这尿壶我爷说尿了三代人了，是个老货，不信你们看，下面有老字，还盖着章哩。干部都捏着鼻子举起尿壶看，那壶底果然有方方正正的章。干部看了又看，说，不像是章，像是明朝皇帝的年号，这不是尿壶，是宝瓶，你爷竟拿宝瓶尿尿。尿壶说我爷还嫌尿起来不美气哩。尿壶砸了，尿垢白森森有一铜元厚，臊得闭气。孔老二学尿壶，把他爷的尿壶也抱来了，公社来的人捏着鼻子看了半天说，让你爷再尿上几十年再缴吧，回去再搜。孔老二又回去抱了他爷的老衣。老衣可不是旧物吗？孔老二的爷放过一次命，眼看着不行了，就给造了老房子（棺材），缝了老衣，竟然又好起来，活到了现在。人们都说是做老衣给冲了喜。有人说这也算旧物吗？那人死了，让光着身子走？要是老衣算四旧，那老房子呢？也拉出来烧了？老房子就是棺材。是啊，还有老房子哩，人活七十古来稀，活过七十就是有今儿没明儿的人了，而七十做老房子添寿，因此，一过七十就开始造老房子了。村子上好些人家都有老房子。人们就七嘴八舌地说开了，显然带着情绪，干部给了孔老二一个砍脖子说，再胡日鬼把你这脑瓜子当四旧破了。

夜猫子

夜猫子是群主，我想不起谁叫夜猫子，就问尿壶夜猫子是谁。尿壶说，夜猫子就是“八嘎”呀，小时候他的绰号是八嘎。这绰号一看就知道来自“八嘎呀路”，当然是来自《地道战》《地雷战》《平原游击队》等这些我们看过不止一次的抗日电影。我们常常会模仿演出电影里的情景。娃娃的正义感永远强于大人，谁都不愿演日本鬼子，我们就打水石头砂锅，谁输了就演日本鬼子。八嘎这家伙有表演天赋，他演日本鬼子，将墨汁或锅灰在鼻台子上一抹，用草绳在两条小腿上缠几圈，以一根木棍做军刀，手往腰里一卡，活脱脱一个日本鬼子。于是我们就叫了他八嘎呀路，后来简化成了八嘎。

我说，他啥时候又叫了夜猫子了，我咋没印象？尿壶说，他不是叫了夜猫子，就是夜猫子，继承了他爷的衣钵，装神弄鬼地给人看病，这屄是给自己做广告哩。我说他装神弄鬼地给人看病是跟谁学的？他爷不是疯了吗？难道他爷真的是装疯？

尿壶说，他爷是真疯了，到死都疯疯癫癫的，动不动就钻进老房子睡觉，有一回两天没见着他，打开棺材，人都硬了。我说，那他是咋学会这一套的？我记得他大不会。尿壶说，这东西是命里带着的，天道理上通着哩，没听说龙生龙，凤生凤，老鼠生儿会打洞？他们一家总会有个人吃这碗饭。八嘎是那年打工给起重机砸折了一条腿，打不了工了，回来就操持这一行。老家方圆老有名气了。

老家人把神汉巫婆叫夜猫子。八嘎的爷爷是方圆有名的夜猫子，经常顶神捉鬼给人看病，人都叫他老夜猫子。我小时候觉得他很神怪，端直的路他走得东扭西拐，说是能看见鬼怪，在避让。有人说他能夜行一千里，因为他走路都是鬼抬着，还说他能掐会算。有一次收自留地里的糜子，眼见日压西山，还剩一亩多呢，他却躺在地里吃上烟了，家人催促他说，这是给家里干活，不是给生产队干活，磨啥洋工。他说，不急，等会有人给咱收，你们先回。果然，不一会儿来了两个汉子找他。他说，我糜子还没收完。两个汉子扑到地里，一亩多糜子一会儿便收光了。在他身上，关于这样的传说很多。

八嘎的爷爷是在拆庙的时候疯的。严格地说，我们庄子上拆庙是从一个夜晚开始的，应该是老历十五或十六，月如瓷盘，我正趴在箍窑的炕上等待着鸟叫——当然不是真的鸟叫，那是我们的联络信号。正是瓜果熟了的季节，我们怎么会放过一个夜晚？门“嘎吱吱”地响了，天干物燥，门钻窝和门轴都干透了，摩擦出的“嘎吱吱”声在静谧的夜里夸张而诡异，随着门推开，月光像一把大刀劈进来，我吓了一大跳，打个激灵，大喝一声，谁？娘说，我，你这么大声做啥？看把娘吓得心都从口里飞出来了。我说你、你推门也不喘一声。娘说，快下炕跟娘去叫去疼片。我说咋咧，谁咋咧？娘说你大病了。我说，我大不是去开学习会了么，咋就病咧？娘说，快走，不问没人把你当哑巴。我不想去，说，去疼片家又不远，人家正写作业哩。娘说要是不在家呢？找他有几次在家？你让娘一个人半夜三更去撵啊。我在炕上磨磨蹭蹭的，娘说，你快点，我的好先人哩。我嘟囔着说，我腿疼。娘说，你狗日的一点良心都没有啊，你大白疼你了。我说，哼，他疼我？早上踢了我两脚，大腿上还青着两坨哩，不信你看。娘一把就把我从炕上扯了下来，拉着就走。

来到院里，我看见我大蹴在榆树下抽烟，像一截冒烟的烟筒。我说，大，你不是病了吗？娘说你咋跑出来咧？快上炕去睡下去。我大说，把人热死了，出来凉快凉快。娘说，快睡到炕上去噻，让人家看着了咋说？我大在鞋底上灭了烟，进了崖窑。娘拉开被子说快睡下，把被子焐上，焐出一身大汗来就好咧。我大上了炕，几把扒光衣服钻进被子里去了。我说，大，你这是病咧？我大说，我浑身疼，就跟鬼拔毛一样。我说，你装的，你装洋蒜。我大抓了枕头就砸过来说，你个狗日的。我一闪，枕头落在了地上。娘捡起枕头拍着土说，你看你们像爷父俩吗？我大说，这狗日的是前世的冤家对头啊。娘把枕头扔回炕上，拽着我说快走。我说，你不是说白跑路费鞋么，我不去，他又没病，你们合起来扯谎溜皮。娘跺着脚说，好先人哩，晚上开会说明早所有男劳力要拆老爷庙，老爷庙是可以随便拆的？！我问，为啥要拆老爷庙？老爷庙在山顶上哩，又没挡谁的路。我大说，你知道个锤子，那是“破四旧”。我一拍脑袋说，对了，庙可是个大四旧哩。拆庙就是拆神的家哩，神的能耐多大，人能拆了他的家？我大说，大形势，全国都拆都砸哩，你狗日的千万别由着性子胡说。

出门后，娘说，千万不敢把你大装病的事说出去，让人知道了给你大戴顶反革命帽子，那就真会把天戳个窟窿。我说，去疼片要检查出来没病，麻烦不更大了？娘说，屁！去疼片能检查出病来？你说哪达疼，他就说你哪达有病，给你开去疼片、安乃近、四环素、阿司匹林，反正这些药又吃不死人。

去疼片是我们大队的赤脚医生。去疼片能成为赤脚医生，是因为他会给骡、马、牛、驴、羊、猪看病，也就是说他曾经是个兽医。他父亲是个脚户，新中国成立前给太子原的大财主杨大庆跑脚。杨大庆光阴最风光的时候，拉了五链子牲口跑口外。一链子牲口就有二十头，那可是一支浩浩荡荡的队伍。脚户得懂牲口，得识草药，会给牲口看病，不然漫漫长途，一头牲口患病，整个驮队都得停下来。据说去疼片的父亲很懂牲口，听得懂牲口说话，牲口也听得懂他的话，脾气再拗的牲口经他几声吆喝，就平顺下来了。去疼片十三岁就跟着父亲跑脚，受父亲的言传身教，字也认下不少，草药也识了不少，牲口的一些病也能看。新中国成立后，去疼片不跑脚了，就给牲口看病。大队要配赤脚医生，多数大队配的都是知青，我们大队也住着知青，可我们大队想，知青迟早是要回去的，就想培养土生土长的自家人，就报了去疼片，因为他不但识字，还识得草药，又会给牲口看病，人畜一理嘛。去疼片当了赤脚医生，别人就说，一个给牲口看病的给人看病？说完就嘻嘻嘻地笑。刚当赤脚医生那会儿，去疼片给人开药不外乎四环素、安乃近、阿司匹林、链霉素、土霉素、红霉素、氯霉素、云南白药、穿心莲之类的药，但不管啥病，他开的药里都有去疼片，因为所有的病都会疼，因此就有了去疼片的绰号。去疼片给人看病，也给牲口看病。背过去疼片时我们大队的人都说，其实去疼片给牲口看病比给人看病看得好，但见了面都很尊敬，都叫他王大夫。村里人有“四不惹”，一不惹郎中，二不惹苕子，三不惹阴阳，四不惹书生。惹了郎中，有个头疼脑热，你只能干挨着。惹了苕子，他拿命跟你拼哩。惹了阴阳，他会阴治你，给你祖坟里下桃木阵，大门口埋符咒。惹了书生，他会下套子绕着弯弯和你弄事。

尽管我不想去，但上了路我很兴奋，我想，拆庙就是拆神的家，神肯定会和人打起来，那我就能见着神仙了。

去疼片家在对面的高台子，要穿过天河谷。月亮像一个瓷盘架在老鹰嘴的树杈间，把光辉毫不吝啬地泼洒下来，天河谷就氤氲着蓝幽幽的雾气，梦境一般迷蒙。地上的瓦渣、河谷的石头反射着月光，一星一点的就像落在地上的星辰。白天熟悉的物景经光与影的勾勒，幻化出虎、豹、牛、狼、鹰、躬腰的老人、小孩、牲口群等许多形象，熟悉的河谷变成了陌生而怪异的隐秘世界。河谷充满各种声音，细微而浑厚，走路时身后窸窸窣窣的，总感觉有啥东西跟在后面。月光虽然清明，落到地上却无比朦胧，脚下熟熟的路陌生了，坑坑冈冈的，我和娘走得跟头流星的。娘跌了跟头，我忙把娘拉起来，娘呻唤了几声说，再明的月儿不如日头，熟熟的路都绊人哩。我说娘，你不是给路绊倒的，是给月光绊了个跟头。娘说，看我娃嘴巧的。

去疼片果然不在家，让光头叫去了，光头他大也病了。我和娘又往光头家来了。光头家在老川子，要翻越鬼梁岔。鬼梁岔是我们大队的墓地，有上百座坟。墓地里被砸碎的墓碑断茬像镜片反射着月光，纷乱而诡异。我们的走动惊着了草丛中、地窠里的动物。鸟雀“秃噜”“秃噜噜”地飞起。地鸟（一种像麻雀大小的鸟）因为在地上刨土坑为窝群栖，飞起时就是一群，像腾起一片云雾。更可怕的是草地里穴居的小兽，受惊动奔逃时，会惊动更多的小兽。夏日丰盛的原野上的小兽们皮毛润泽油亮，给月光一浸，此起彼伏奔跃的身影流光幻影。兔子、黄鼠、黄鼠狼、獾、土行孙（穿山甲）……这些小兽白日里我是不怕的，但到了月光下，它们的魅影怪异诡诞，而脚下忽然蹿出一只小兽，足让人的心从口里飞出。更可怕的是，小兽们的奔逃惊动了潜伏在深草里沟壑中大的野兽。那时间大地上是很富饶的，狐狸、黄羊、野猪、马鹿、狼，甚至豹子都是有的。我和娘让山野乱成了一团，狗叫起来，东一声西一声地应和着，又好像忽然发现了什么，狗们相互呜哇呜哇扑着撕咬着，好不惊心动魄。

娘害怕了，拽着我说，快走，快走，巡夜的做啥去了，连个人影影都不见。正是麦豆将熟的时节，有人会偷割麦穗豆蔓，因此队上天天晚上安排人巡夜。娘的手在颤抖，恐怖自然传染给了我，我的手也跟着抖起来。这让我觉得在娘跟前很丢人。要知道，平时下夜功，半夜半夜地出没在黑漆漆的夜里，我从没害怕过。脚下的草地愈发的高低不平，我和娘也像那些小兽，起起伏伏地飞跃了起来。

过了鬼梁岔，就进入了川道。川道里土地平沃，全种着麦子。熟了的麦田在月光下呈银白色，麦芒淬了月光就像一根根针，银光灿灿，新麦醇厚而浓郁的香气沁人心脾。这景象和味道具有镇神定魂的功效。老川子人家的灯火依稀闪烁，娘紧绷的神经开始松弛下来，她松开紧扯着我的手，开始掐麦穗。娘说，别光顾着走，麦穗多馋人，掐些麦穗回去娘给你做黏馔吃。一提黏馔，我口舌生香，涎水盈口。

再有半个月，麦子就要开收了，这时间的麦穗麦粒翠青，剥了麦壳就可以吃，但最美味的是做成黏馔。把麦穗在簸箕上揉搓去壳，麦粒在锅里加少许水蒸炒，用擀面杖或者石磨石碾擀碾成条状（新麦麦粒水分大，磨不成面粉），然后拌入青菜，浇上胡麻油调和的蒜汁，那真是一道美味。还可以吃面鱼儿、馄饨、烙饼、煎饼。以前每年到了夏至这天，队上都会让每家割回几捆新麦，做各种吃食。这是一种久远的习俗，叫尝新麦。现在不许尝新麦了，说是影响产量，还说是挖社会主义墙脚，偷掐麦穗就成了反革命行为。因此，麦穗开始灌浆时队上就派人巡夜。鸠山娘就因为偷掐麦穗给巡夜的抓住，拉上台批斗过。

夜风是轻柔的，很匀称，掠过肌肤时就像蒲毛抚过。麦浪起伏，麦香溢野。我和娘真正成了小兽，潜伏在深深的麦田里，掐着麦穗，我们掐麦穗时发出的声音，就像黄鼠老鼠鸽麦穗的声音。娘轻轻地哼着曲儿，是《正月正》。

我们一会儿就掐了一堆麦穗。娘把外面的衫子脱下来包了麦穗，说提在手里遇上巡夜的就闯祸了。我说埋到麦地里，明天我来掏。娘说埋到麦地里还不够黄鼠、老鼠拉窝的。我看着一棵树说架到树杈上。娘说就是，就是，鸟儿才不稀罕人揪下来的麦穗哩。我上了树，将麦穗架到高杈上。栖集在树上的鸟儿被惊动了，秃噜噜一阵乱飞。娘说明儿背个背篼，假装砍草，把新麦取回去。我说知道了，你老觉得人家啥都不懂。

到了光头家，去疼片又让固固找去了，固固他大也病了。固固家倒不远。来到固固家，见去疼片正给固固大号脉。齐兵和他娘也在等。还没搭上话，一阵狗叫，鸠山和哥哥进来了，也说他大病了。去疼片说日怪了，一个晚上这么多人有病咧？给固固大开了药，去疼片背起药箱说有个先来后到，去齐兵家吧。

一群人又转到了齐兵家。从齐兵家出来一伙人就往我家来了。一进院子，我大的呻唤声很夸张地传出来。我心里说你倒会装哩。进了窑，娘端着灯把去疼片引到炕前，从头上取下抿子挑大了灯头。我看见我大头发湿漉漉的，就像刚在水里淘过。去疼片号脉，拿听诊器听，又要出舌头看了看，问，哪里疼？我大说浑身疼，鬼拔毛一样，脚手一点力气都没了，就像不是自己的。我怕去疼片说出没病来的话来，可去疼片说感冒了。我大说，大夏天的咋还感冒？去疼片撇撇嘴说，这你就不懂了，这是热感冒，更厉害。我大说，这世上还有热感冒？去疼片包了两包阿司匹林和安乃近说，把药吃上，继续焐着发汗，多出几身汗就好了，明天要还不行，我再来给你挂水（吊液体）。我大说再给些去疼片吧，浑身疼得像锥扎一样。去疼片又包了一包去疼片。刚送去疼片出大门，水蛇腰和她娘来了，她娘说，哎呀，她大只死不活的，你快去给看看吧。

人走光了，我大一个鹞子翻身跳起来了，光着身子蹴在炕上，哈着气，拿了笤帚狂扇着说，热死人咧，热死人咧。娘嘻嘻一笑说，热感冒，还有热感冒？去疼片真会胡吹冒料。我大摸了一下我的头说，快给老子舀一马勺水来。娘说，不要命了，出了这么一身汗，灌冷水不怕得阴寒？说着端来一碗面汤。我大咕咚咕咚地灌了一碗面汤，对我说，你狗日的嘴严实着点，这事要说出去以后有你受的罪。我斜了他一眼说，你老觉得我是瓜子、苕子、二百五？我大从口袋里摸出一个水果糖给我。

水果糖不知道在他身上装了多少天，一股汗腥味儿，都已经化了，和糖纸粘成了一体，抠都抠不离，我就连纸一起喂进嘴里。

我是给一泡尿憋醒的。当我听到高音喇叭唱的不是《东方红》，而是《无产阶级文化大革命就是好》，就知道今天社员不用上工了。唱了两遍后，高音喇叭里传来民兵营长的声音，通知所有的男劳力都上山拆庙，一个都不能少，所有的女社员都到串山沟锄糜子。我觉得奇怪，自打有了高音喇叭，都是大队长在里面发号令，从没第二个人在喇叭里出过声。大队长专门做了个匣子，将放声机锁在匣子里，钥匙和公章一起拴在他的裤带上。

筛子头来了，蹑手蹑脚的。其实我已经醒了，娘让我早早赶着母猪去老川子根蛋家打圈（配种）。我跳下炕去，潜藏在门背后，筛子头一踏进门来，我大吼了一声“呔”！筛子头吓得妈呀一声大叫。我嘻嘻一笑说，没看到我挨巴掌失望了吧？就在这时，我大忽然就高喊起我来，你狗日的睡死了啊？快给老子倒水，把药拿来，你想让你老子死啊？我端来水喂我大吃了安乃近、阿司匹林。我大说，再给我两片去疼片，疼死我了。吃了药，我又替我大掖掖被角，我大就继续呻唤。筛子头说，你大病咧？我嗯了一声。我明白了，我大是在耍阴谋诡计，就是要让筛子头看到他得病了。筛子头那张嘴，嘿，比裤腰还松，他知道的事儿只需一阵儿，就会像风刮过庄子，一庄子人就全知道了。

来到院里，筛子头说，你大昨儿不是还好好的吗？我说夜里发的病，呻唤了一晚上，吵死人了。这么说着，我其实很不自然。我和筛子头互相从不撒谎，人都说我们俩是一个鬼背着送下的。筛子头说，那昨晚就该到庙上请老爷禳解，今儿不行了，庙就要拆哩，你听到广播了吗？我继续装，说，庙为啥要拆？筛子头说，“破四旧”么。

民兵营长又开始在广播上喊了。我说，今天咋不是你大在高音喇叭里发命令？筛子头说，我大去公社开会了，紧急会议，天麻乎乎的就走了（后来人说公社根本没开会，大队长是出去躲拆庙去了）。我说今天他掌权，听他声嗓大的，一遍一遍地，像是大队长就是他哩。筛子头说，这狗日的野心大，想当大队长哩。我说，他当大队长，那你大往哪里摆？当支书，对了，支书不是个药罐子么，是不是不行了？筛子头说支书活得好着哩。我说那他还想个屁！筛子头说他可以阴谋篡权啊。我说，篡你大的权？都说他是你大的狗腿子哩。筛子头说，呸！我大半个眼睛都看不上他。我说，你大说的？他能斗过你大？筛子头说，斗过我大？凭他？呸！他在公社和县里认得几个人？撅着杵子打日头——不知天高地厚。

正说着，民兵营长带着两个民兵进了院子，问我，你大呢？我说我大病咧。他们互相看看说，病咧？装的吧？筛子头说真的，一把一把地抓着吃药哩，我看得清清的。他们径直往窑里去了。我娘跟在他们沟子后面说，我大病了一晚上，去疼片来看过了，说是热感冒，比冷感冒还厉害哩，两床被子都捂在身上，像发面一样，你揣炕，像烙烫面饼子一样烫，还叫唤冷，叫唤了一个晚上，吵死人了。民兵营长说，日怪得了，一个晚上十几个男人病了，去疼片一晚上没睡，都说是热感冒，谁信？连去疼片自己都不信咧。民兵营长说，世上有热感冒这病？我就不信。我大叫唤着，抖得像筛糠。民兵营长一把揭了被子说，别装了，快起来！今儿个拆庙，一个人都不能少！大队长说了拆庙不是谁一家的事，知道吗？！我大说，我上不了山，浑身像鬼拔毛，手脚没一点儿力气，都不像是自己的，要扣多少工分就扣吧。民兵营长说，这不是扣工分的事，开会时工作队队长咋说的？没听明白？我大叹息一声说，你就高抬贵手，我实在动弹不了。民兵营长说，没功夫跟你费口舌，你自己想吧。民兵营长又说，好几个装病的都不装了。我大开始穿衣服，边穿边说，还让人活不让人活啊？哎哟哟！这是啥事么。民兵营长说，你敢说这是啥事？

我大穿好衣衫，腰里扎了根草绳，猫着腰跟在民兵后面，出大门时，娘喊他说，先回来，着急啥，都才往庙上走哩。我大又掉头回来了。民兵营长和两个民兵站在那里。我大说，走你们的，等着捆我押我呀？我犯啥错了？民兵营长说，后果你可想明白了。我大说，我想得明白着哩，不就是拆庙么，我起来了就会到的。说完他们就走了。我大回到院里，娘说，你记住，别逞能第一个下手拆庙。我大卷了一根烟蹴在树下吃，“嚯”

地站起来说，要你安顿？你比我日能？好心做了驴肝肺。娘骂了一句，气呼呼地抢起锄掮在肩上，出大门去了。我大又冲着娘的背影说，我不知道法不责众？我啥都不懂，就你知道得多？得是！

筛子头在街巷高喊走咧，看拆庙去了，神要显灵和人打仗了。这就像吹响了集结号，娃娃都出来了，往庙上来了。

男劳力一个不少都上了山，集中在庙院里。民兵营长讲了大半天形势，可没人先动一砖一瓦。大家心里都明白，法不责众，等有人第一个下手，他们就会跟着拆起来。因此，尽管民兵营长一再逼迫，就是没人第一个下手，就都熬着。民兵当然不会带头，这是拆庙，不是拆地主反革命的房子。民兵营长把反革命分子全揪出来，集合在一起，命令他们去拆，可反革命分子任喝骂踢，没人先动一锨。民兵营长转了几个圈圈就揪出老夜猫子说，你！你先动第一锨。

老夜猫子说，不，我不。民兵营长说，你敢说不？抵抗可是要劳改的！老夜猫子站在那里发着抖说，我……民兵营长说，好好思谋思谋，为你的儿孙想想吧。老夜猫子忽然“哎呀”一声大叫，就倒在地上了。八嘎大叫爷爷——爷爷——

民兵营长说，老东西，又装神弄鬼，给我捆了。民兵说，他、他吐白沫子哩，他过去了。有人喊快掐人中，快掐人中。一阵乱过，人散开了，老夜猫子忽然跳起来，就像神灵附体一般“啊噢”“啊噢”地叫着跳起舞来。人都说老夜猫子在跳大神，在往来请神，这下闯下大祸了。老夜猫子跳呀舞呀，口中念念有词，可没见民兵营长出啥状况。后来老夜猫子跳出了庙院，一路跳着舞着走了。八嘎跳着喊着爷爷，爷爷，可老夜猫子就像没听到一样。

太阳越来越烈，人们干脆在阴凉儿下横躺竖靠吃烟谝传，庙院里升腾起阵阵蓝汪汪的烟雾。民兵营长吃了几根烟，又对老右说，你，你先动手，揭一片瓦下来，就没你的事了。

老右是来我们村上改造的。他庙里庙外走了一遍说这么好的房子拆了多可惜，大队不是正申请办学呢么，做学校多好。

此话一出，大家立刻响应，说对哩，对哩，房子四下通透，又亮堂，正好做学堂。

老家一带，每个庄子都有庙，大多数庄子上的庙就一两间土坯房子，孤孤地矗立在山顶，连院墙也没有，当然也没有和尚道士、俗家弟子，只有一个庙官。庙官平时过着正常人的日子，就是初一、十五等节气时敲钟、上香、升表、摆供、打扫，操心人们敬神拜佛诸项事宜。

我们庄子上的庙要豪华一些。说豪华，是因为它有三间房屋，称为三个殿（说是殿，其实一个殿也就有人家的一间房大），一个正殿，两个偏殿。房屋青砖青瓦，松梁松椽，门楼高大气派，也是砖石砌筑，顶上覆了瓦。一拃厚的对扇大门红漆漆的，漆皮脱落，树节露出来，像一只只眼睛。大门外有两个威猛的大石狮子，一只爪下踩一个绣球，一只爪下踩一只小狮子。土筑的围墙高而厚，像是城堡。

我们庄上还没有学校，学生只能就近到邻庄的学校去上学。“沟对面”“梁那边”，庄与庄之间听上去很近，其实不近，翻山越沟的都超过十里。那时候山里野东西多，狐狸、狼、野猪是常见的，连豹子也有，发生过好几起狼吃娃娃的事。我们队一直在争取办学校，但上面一直不批，学校也就一直没办起来。我们队上念书的娃娃就开始少了，一是怕路上出事，一是念书也看不到出路，因为上大学改为推荐，而自改为推荐以来，我们大队没推荐出去一个，许多人就打消了供娃娃念书的念头。

人们抓住学校这个话题发起了牢骚。你们咋弄的？办学校说了几年了，还办不起来。

民兵营长说，年年争取，年年不批。

不批？人家陈武寨、唐庙咋都批了，他们队有咱们队大？要说咱们队还是中心哩，让咱们娃跑到他们队去上学？有这道理？

民兵营长说，人家都朝里有人，县上、公社都有人家的干部。

别找借口，还是你们把工作没做到位。

民兵营长说，你们跟我喊个锤子，大队的事是我拿主意？

正说着，人们看到大队长骑着军马从崾岘口过来了。民兵营长派民兵叫来了大队长，大队长对老右说，你把拆庙给搅黄了？上面的命令抗得？上面可是明确说庙一定要拆。老右说，那是理解错了，“破四旧”是要破人们的迷信思想，改造人们的世界观，不一定要拆庙，把庙改成学校更有意义。你看这庙，高屋大院，窗明眼宽，可是学生读书的好地方。大队长想了想说，这事得向上汇报请示，胡来不得。老右说，正好借这个机会申请办学校吧。大队长说，那先散了吧，明儿个我去反映反映。人们就起身陆续回家了，我听到老秀才对老右说，你长这个嘴做啥？腿长揽露水，嘴长揽是非，少说话威信高，上面都这么说哩。

我们大失所望。我们认定神仙会显灵，如果拆他的房子他还不显灵，以后谁还给他烧香磕头？神仙显灵，肯定就是人神大战，那该是多么激烈的场面，何况我们给神仙磕了多少头，都还没见过神仙。可是，就这么散了。尿壶说肯定是神仙给人使了法术。

大队长去了公社，把庙改为学校倒是得到了应允，可办学校的事没有应允，理由有两个，一是我们大队已经有三所学校，有些大队才两所，二是没有老师。不办学校，不知道庙还拆不拆，老右又给大队长出主意说，学校迟早是要办的，庙先不要拆了，上面查问起来，你就说上面同意庙改造成学校，正办手续哩。大队长倒听了进去。庙没拆，只是锁了庙门，不许人们再上庙进香叩拜。

八嘎的爷爷却就此疯了。人都认为老夜猫子是装疯卖傻，因为大队有四类分子装疯卖傻逃避改造。可几个月过去了，老夜猫子还那样疯着，而且他常扒光了上衣在村子里走，会坐在榆树下捉虱子，捉一个吃一个，边吃边说，你吃我我吃你，你是我养的一口肉，你吃我一口，我吃你一家。虱子吃饱的时候，就如扁豆，一咬，咯嘣一声血从嘴里溅出来，因此他嘴角老有血渍。在夜里他常发出怪笑、啸叫。可人都认为他是在装疯卖傻，人们不相信一个好端端的人一下子会疯成那样。有人跟踪过他，也没找出他装疯卖傻的破绽。后来政策彻底变化了，平反的平反，抹帽的抹帽，世道天翻地覆地变化了一番，可老夜猫子还疯着。人们说你不用装了，装神弄鬼也没人管你了。可他还那样疯着，而且经常在老房子里睡觉，人们这才认为他是真疯了。一个人一下子会疯成那样，有人就说开始是装的，装得久了，就把自己装进去了，越装会越像，装啥成啥了，最后就回不来了。

老公鸡

那年老公鸡来找我，为修建老爷庙化缘，他说的第一句话是世上所有的事都会有结果的。

1970年，上面终于在我们庄子办了学。所谓办学，也只是派了一个姓黄的老师（名字叫黄承仁，后来我们给他取了绰号——黄世仁），保证学生书本和老师办公经费，其他的都要自己解决。为了争取办学，大队也只能答应。校舍就是庙。

学校办起来，影响可就不一样了，就像山头上插了一面旗帜，吹响了集结号，一些原本不打算供娃娃念书的人家，也都把娃娃送到学校里来了，来报名的娃娃年龄从五岁到十一岁不等，竟然有百十号学生，加上报名时大人也来凑热闹，庙院里挤得都站不下。

黄老师说，咋这么多的学生，我一人可教不了。大队长说，一只羊牵上，两只羊赶上，一群羊喊上。黄老师说，那你找个羊把式来？大队长笑着说，你就辛苦一下。黄老师说，七岁以下九岁以上的就不收了，国家规定七岁才上学，九岁以上的都该上三四年级了。大队长说，要不这样，七岁以下的让回去，明年再上，七岁以上的就让念么，娃娃念书是好事么，把谁赶回去都不合适。黄老师说，九岁以上的娃娃念书也迟了，年龄太大，以后上了中学同学都会笑话的。大队长说，念书就是为了识点字，现在念书谁还想着光宗耀祖啊，等报完名再看情况。报完名，黄老师说，三个班都是大班，我一个人咋教？大队长说，你就弄成两个班。

老爷庙的三个殿说是殿，其实都不大，也就有家常的一间半房子大，黄老师里出外进地看，说两个班坐也坐不下。大队长说，那就分成三个班，你先教着，我再去要老师。

因为没遭遇拆庙，庙还是庙的样子。大队长说，黄校长，你负责三天内把庙腾空，我带人去放树，弄桌椅板凳去。黄老师说，你别叫我黄校长，我不是校长。大队长说，学校就你一个老师，你不是校长，难道我是校长？大队长走了，黄校长又追出去问大队长，那些神像怎么办？大队长头也不回地说，这是你的一亩二分地，问我做啥，抓紧腾空了，别耽误上课。黄校长说学生都还小。大队长说，还小？我像他们这么大都拉长工了，狗日的都该自己给自己干活了，就当劳动锻炼吧，要不然长大会蜕化变质哩，你指挥上让他们干去。

黄校长蹴在院里抽完一根烟，把我们集合起来，按年龄大小分了三个班，宣布了三个班长，都是年龄最大的。由班长全权负责带领本班学生腾空庙堂，说他还得回去拿些东西来。我们这个班是年龄最小的一个班，班长是老公鸡，不过他已经十一岁了。

香炉、供台都清理完毕，神像怎么办？筛子头说神像就是四旧，应该砸了。老公鸡说，你砸！筛子头头摇得像拨浪鼓，说，我娘说了，我是庙上拴来的。老公鸡说，那谁砸？筛子头说当派二虎、猪头万、胡汉三他们砸。二虎听到了，说你们不砸让我们砸，想得美。我们去别的班观察，他们把神像靠后墙根摆成一排。要不我们也学他们。神像高大，搬起来就有些吃力，看上去像几个娃娃跟一个大人摔跤。等三尊神像在后墙根摆成一排，个个已是伤痕累累，碰掉了泥皮，扭断了胳膊，抬断了腿，有一尊神像脖子好像断了，头歪在一边，一下失去了往日的威风。我们也才知道神像原来是木棒、泥草做的。神像被我们折腾成这样，却也没见有人出啥怪事，我们对神的敬畏之心一下减去了一半儿。神像摆布完毕后，扯去了墙壁上的绸幛，清扫了房顶和梁柱间的蜘蛛网、灰链子，房子一下亮堂了。

大队长带着四个社员来了。原本打算放倒几十棵树做桌凳，可树放倒还得让风干，赶不出来，就决定用胡墼起桌凳。大队长问我们校长呢，我们说回家去了。大队长一笑说，他倒会躲事。

起个土台子，上面抹一层胶泥面当桌子，凳子则是用胡墼砌三个马鞍形土墩子，上面架一根檩条，再用泥固定死。一根檩条可以坐四个人。又在墙壁上用墨汁染出一块黑板。四个社员只做指导，挑水和泥、抹泥码胡墼，都是学生自己干。大队长说这些碎狗日的正是土匪一样的年纪，土做的桌凳三天两头就给摇散伙了，自己学会了以后自己干去。

黄校长是周一才来的，里里外外转了一圈说，怎么看上去还像个庙？老公鸡说这本来就是个庙。老公鸡问黄校长，这钟要不要推倒砸了？上面全是老字。黄校长拍拍钟说，好好的一个钟，砸了干啥，以后上课敲钟。上了一节课，黄校长说神像不能摆在教室里。筛子头说，那往哪里摆，院子里？我说神像全是草做的，上面糊着一层泥皮，搬到院子里一场雨，保证泡得瘫到地上。黄校长说那算了算了，别搬了，就放在教室里吧。第二天，黄校长说，神像还是不能放在教室里，我上课时老是对着他们，就像给他们也上课，这咋行？黄校长在地上走了两圈说转个向，都让面壁站着。那些神像又被扭得面向墙壁，一个个就像惹怒了黄校长被罚得面壁。

与学生共处一室，神像算是倒霉透顶了。写作业钢笔不下水甩钢笔的时候，墨水甩在了神像上；写毛笔字时互相追着画脸子，你推我搡毛笔画到了神像上；打扫卫生洒水时水点溅到了神像上，神像受潮，袍裙上的彩塑一片片脱落，就像得了牛皮癣；学生互相打闹碰得神像手臂折断，宝器落地……当然这些侵犯有的是无意的，有的是故意的。神像日渐破败，面目全非，泥胎草质全裸露了出来，完全失去了以前坐在神台上接受叩拜时的肃穆庄严了，在我们心里，神发生了本质意义上的变化。

征服恐惧是一个循序渐进的过程。渐渐地，我们敢打扮神像、篡改壁画了。我们像画师一样，把神的嘴巴画大，胡须画乱，男神抹红脸蛋、红嘴唇，戴耳环、眼镜，女神画胡子、点媒婆靥子、挂烟锅、烟袋，拄拐杖。神像、壁画面目全非了。一下课，我们站在神像前吼一声转过来，就把神像挪转过来，我们像黄校长那样，一手卡在腰里，一手拿着教鞭指着神像说，我刚讲的你没听懂？你个草包！还翻眼睛？不服气？顶砖，继续站着！于是就把一块砖架在神像头上。我们拿教鞭抽着神像的手臂说，我让你打架，我让你扯女娃辫子，下次我剁了你的手。

被扭断了脖颈的神像，头总是歪在一边，怎么都感觉它在不怀好意地盯着我们看，我们就把它的头转来转去。老公鸡一个砍脖子将神像头砍落下来，神像头在地上滚，滚到谁跟前谁就飞起一脚踢远（那头还是挺怕人的），最后，老公鸡一脚把神像头踢出了教室。神像头到院里，你踢过来我踢过去，泥皮彩塑脱落，头就成了一个捆扎得很结实的草球，神却没有显灵发威，没有人受到报应，大家就更加肆无忌惮地当足球踢，踢得草屑飞散。最初黄校长还呵斥，渐渐无心管教了。

恐惧是一道门槛，迈过去了，我们就彻底无法无天了。老公鸡胆子最大，他骑在神像的脖子上，像将军一样挥舞神剑（神像的法器），嘴里乱喊乱叫着。有一次正骑得欢哩，老公鸡他大扑进学校，一个砍脖子将老公鸡从神像上砍了下来，跌得鼻血喷涌。老公鸡挨了他大狠狠一顿揍。他大走了，老公鸡扳了土疙瘩塞了鼻孔，一翻身又骑到神像上，嘚啾，嘚啾，就像骑驴。他抽打着神像说，骑你你还不高兴了，像个婆娘一样还告状，还叫来我大来收拾我，看老子今天不骑死你！老公鸡掀起了骑神像的高潮，神像是木做的骨头草做的筋肉，哪经得住学生娃你方骑罢我上身的折腾，日渐破损，变成麦秸柳棒的稻草人。

黄校长吼了我们一顿，说把神像搬到院子角落里去吧。神像又被搬了一次，就瘫痪成了一堆麦秸柳棒，乱七八糟地堆在角落里，一条胳膊，一条腿，一个脑袋，一只眼睛，惨不忍睹。大队长来一看说，唉，这些碎狗日的真是天不怕地不怕，虽是神佛，也入土为安，埋了吧。于是，就在院外的坡上挖了一个大坑，将神像一股脑儿葬了进去。大队长说起个坟堆吧，就起了个老大的坟堆。第二日上学，我们经过坟堆，看到坟堆前有残香、纸灰，我们知道是黄校长烧的，因为我们认出脚印是黄校长的。黄校长穿胶鞋（运动鞋），从鞋底印一眼就认得出。可谁敢说出来呢，黄校长比神更让我们害怕，他会用柳条做的教鞭把我们的手打得肿成肉嘟嘟的蛤蟆，他会拃开五指赏我们一脸的“金条”，这还不算，回去家里人还要接着捶我们。在以后的日子里，埋着神像的坟堆就代替了庙堂，晚上总有人偷偷上香烧纸，我们上学时经常能看到残香和灰烬，人们就叫坟堆为神冢。

壁画也被我们篡改得面目全非，黄校长又找大队长说把墙灰一下吧。大队长让劁匠开着手扶拖拉机从大石沟拉回来几车石灰，掺了蒲毛，把所有房子里里外外糊了一遍，一下亮堂了许多。大队长说，这墙白亮得耀眼，不挂点字就有些寡了，你写点字挂上。黄校长说，我的字太丑，请老右写吧。就叫来了老右，老右说，我写的能挂吗？大队长说，有啥不能挂的，写些鼓励娃娃的话，写一幅给你记一个劳动日。老右说，写啥呢？大队长笑着说，你念了一肚子书，都把自己念到我们这达来了，还问我写啥。老右说，词儿是有，只怕写出来不合适。大队长说，也是啊，你肚里装的那些别害了娃娃。老右笑了，会计说，我去拿本书来，让老右照着写。会计取来了书，老右已经写了两副，是村巷里到处写的毛主席语录、标语，大队长说，学校么，得写点有文采的。黄校长拿了一本书，是《毛主席诗词选》，说，你照这书上的写，有文采。老右说，对对对，这真正是有大文采的。二十几首毛主席诗词老右全写了出来，墙上贴满了。人们经过时，说这回真像个学校了。

宁睡古坟，不睡古庙，有神的地方一定有鬼，庙里多恶鬼，因为神把恶鬼捉来为他们服务。这都是大人警告过的。因此虽然那间偏房我们收拾得清爽温馨，但黄校长不敢住，夜夜回家。

黄校长的家在蔡家梁，离学校有二十多里，所以天天迟到，放羊的都赶羊出山了，他才从梁顶过来，大队长就在大队部腾了一个小箍窑。

一个学期过去了，依旧没要来老师，上面还是那句话：自己想办法。我们庄子上老秀才是有学问的，老右学问更大，他们不能教，上面有明确规定。正好来了一批知青娃，就找了一个教我们。

我们一直在庙里读到小学毕业。

鸠　山

那年回家过年，二虎正月初八娶儿媳妇，我就在家多待了两天。老家喜事都在正月里办，因为一年中正月最闲，而这几年人们都出外打工，也只有正月里才聚得齐全，红白喜事过的就是个人气。典礼的时候，鸠山一抱拳，开口说道：

天开喜门结喜缘，一对新人长得嫽，

新娘就像穆桂英，新郎就像杨宗宝。

就是公公有点二，翻眼动舌像烧包，

婆婆实在太老了，嘴巴撬得像荷包。

鸠山赢了个满堂彩，大家叫再来一段，鸠山一抱拳又说了起来。

我看着鸠山，活脱脱一个他大忆苦。这也不奇怪，因为从小他就能说，关于同学的顺口溜几乎都是他编出来的。比如说水蛇腰：轴承脖子弹簧腰，走路就像水上漂，上山下沟不嫌累，水边还要照一照。我说这家伙嘴头子现在溜出来了。二虎说他现在是社火头儿，仪程官，继承了他大的遗志哩。我笑了，这遗志是我们上小学时候的词。我说，不打工了？二虎说，五十过了，打工活不好揽了，儿女也都成家了，就回来了。我说，现在人走光了，社火还能耍得起来？二虎说，庄子上是耍不起来了，到乡上耍哩，上面提倡，还给补助哩，再说红白喜事咱们这一带也兴请人说几段，讨个吉祥热闹，挣个药钱烟火钱绰绰有余。

什么是仪程官呢？有个传说。说是商朝时，瘟疫大流行，人间成了地狱，百姓苦不堪言。当时，长安城内有一姓敖的马夫外出放马，忽然一阵风过，他面前落下一把锦雉羽扇，上书“仪程”二字。他捡起来去扇，惊奇地发现这把扇子能解瘟驱疫，于是就拿扇子走乡串户，说些吉祥话，瘟疫竟很快被驱除了。君王得知后，便封他为仪程官。每逢年节，他便组织人敲锣打鼓，为民间驱瘟除邪，消灾免祸，相沿成习。后来我查阅资料，发现仪程官应为“驿臣官”，也就是古代驿站的接待人员。专家说驿臣官的原型是明代降清的官员，因为他们的打扮是穿明代官服，倒戴纱帽，手持扇子，戴黑髯口。按社火里的说法，他们是春官的“部下”，职责是协助春官统率社火。

“说仪程”是社火活动中的一个环节，仪程官须能说会道，聪明敏捷，随机应变，因为社火不只在自己的村庄演出，而是要走村串户地巡演，你到我村演，我到你村演，称为“拜庄”，因此社火队互相较劲，抢风头、争名声。仪程官走在社火队伍前面，司礼喝道，道说吉祥。词句没有现成的版本，全靠临场发挥，碰见什么要说什么，而且要出口成章，朗朗上口。比如迎面走来 头牛，仪程官就得说了：“远看走来牛一头，金角银尾晃日头，近看原非凡间物，驮过老君炼丹炉。”来到村庄前，仪程官就得说了：“宝庄风水这么旺，原来修在龙头上。山环水绕像皇都，紫气腾腾大气象。”进了人家院落，仪程官就得说了：“头门上站着张口兽，二门上狮娃滚绣球。房上撒的是琉璃瓦，槽头上拴的大骡马。前院有棵‘摇钱树’，后院有个‘聚宝盆’。”经过学校，仪程官就得说了：“红旗插在崖头边，原来是座翰林院。教师个个是翰林，学生个个赛状元。”两个社火队狭路相逢，仪程官就要口才上见高低，被人家说败了，人可就丢大了，以后几年都抬不起头。而在社火表演中，仪程官要对每个节目解说评论，诙谐打趣。社火表演成功与否，仪程官的作用至关重要。过年耍社火，社火队在庄子间穿梭，一直要耍到正月十五过后。红白喜事上，仪程官当然也得说上几段，可是风光着哩。不过，后来社火不让耍了，仪程也就不说了。

鸠山他大曾经是仪程官，平日生活中词儿张口即来，就像唱信天游，唱花儿，不乏风趣幽默，碰上娃娃他会说：

这个娃娃真是淘，能在树上捉住猫，
他日见了玉帝爷，敢揪胡子做鞭梢。

遇到有人打架骂仗，他会说：

声高盖过老爷山，唾沫淹了龙王庙，
敢和天兵动刀枪，见了队长都不尿。

人们都聚在麦场上，他会来一段：

马瘦毛长沟子壮，老婆老汉争热炕。
老汉要在炕里头睡，老婆赖着偏不让。
老汉说是我捡的柴，老婆说是我烧的炕。
老汉说偏睡偏睡偏要睡，老婆说不让不让偏不让。
老汉抄起了掏榔头，老婆抄起了擀面杖。
哐里哐啷打到了亮，热炕谁也没睡上！

鸠山他大真正的风光是“忆苦思甜”时：天上布满星，月牙亮晶晶，生产队里开大会，诉苦把冤伸。“忆苦思甜”开始，让鸠山他大上台忆苦思甜，他说了几段，赢得驻队干部的赞赏，从此开始了以“忆苦思甜”为生的生活。

地主从来心肠黑，钻进鸡窝学鸡啼，
长工犁地半架梁，才见东山发了白。

社会主义就是好，人民生活大提高，
土豆烧熟加牛肉，白面馒头羊汤臊。

贫下中农吃得欢，嘴上燎泡一圈圈，
地主富农嘟着嘴，端碗菜汤干瞪眼。

人们就干脆叫了他忆苦。

忆苦成了靠嘴头吃饭的人，就像靠笔杆子吃饭的人，经常参加各种大会。他曾到公社、县上、地区参加过忆苦思甜大会，被评为典型，得过奖，也被大领导接待过，经常跟着公社大队的干部东家进西家出，碰上谁家饭吃在谁家，用人们的话说，吃得开，风光得很。地里的活他当然是不干了，他靠嘴挣工分，而且是满分，还吃救济。大年三十晚上，他会在筛子头家，对着扩音器说，家家都在广播上听。老家人讲究三十晚上坐夜，一晚上不睡，他一说就是大半个晚上。这事在后来上过报纸，忆苦得到了表扬，说过年不忘忆苦思甜。

忆苦思甜是一阵风，刮过也就过了，许多地方不忆苦思甜了，毕竟会又多，时间太长，人都疲了，麻木了，可是我们大队凡各种会还会让他上台说几段。没有别的娱乐，忆苦说的还是有些意思的，人们就当成了一种娱乐，就像现在的小品相声。在村巷里，人们蹴在一起，忆苦过来，人们会说，忆苦来一段。忆苦也乐于来一段。

世事总是要变化的，包产到户了，日子各家过各家的，种自己的地放自己的羊。忆苦饭忆苦一吃多年，已是一个不下苦的人，也不愿下苦了。问题的严重性在于他不愿从那段已成为历史的生活中走出来，他甚至坚信那个时代还会回来。他留恋那个舞台，整日抱着个膀子，逢人还是个说，还经常往大队跑，往公社跑。他说忆苦思甜的那些内容已经机械化了，没人听了，说别的人们听还是爱听的，可没人给他一口粮，日子就过得恓惶。一个执着的人最容易陷入这样的困境。在家里不干活，还颐指气使，据说还给家里人忆苦思甜，惹得儿孙们都见不得，结果弄得家里乌烟瘴气，妻不贤子不孝的。父亲说人要惹得儿孙都见不得，就没活头了。后来忆苦的三个儿子都拖家带口进城打工讨生活去了，老伴又去世了，他就撵别人家的饭口，到了谁家坐着不走，人家会给他一碗饭吃，也贱眼他。

我每次回村，一入村口总能看见他，夏日坐在大门前的榆树下，冬日坐在背风的老墙根，一个人，眯着眼睛，痴痴呆呆的。最初忆苦见了我，总要拉住我的手说好一阵话。后来他就不了，最多睨我一眼两眼的，仿佛不认识我了，他嘴里絮絮叨叨的，细听，全是些忆苦思甜的老话。这使得“忆苦思甜”这个词一直留在我的记忆里，而他坐在台上鼻涕一把眼泪一把的形象也定格在我的记里。他父亲说他活愚了，人都不认得了，只剩下个说了，走走站站都在说，看到人就像没有看到一样。我想忆苦可能是患了老年痴呆，老人痴呆了老家人就说是活愚了。

那年回村，几日没见忆苦，问及父亲，才知道他去了。儿孙都进城了，他身边没有一个人，现在村子上人少了，住的地方又背，等人发现，已经臭了，让蛆喀了。父亲说走了也好，少受些罪。又感慨地说，要说忆苦以前也是个攒劲人，务庄稼没说的，也勤顾，好好过日子不比人窝囊，唉，那事害了他一辈子，想靠嘴头子改命哩，哪那么容易。

鸠山端着酒过来，开口道：这桌都是老同学，头秃背驼皱褶多，以前尿尿争山头，现在抬着湿鞋窝。他坐在我跟前，我说，你这嘴头溜得利索的。鸠山捣了我一拳说，说我利索是耍笑我，哪有作家的笔利索，作家挣的是老人头，我挣的钱里毛票多，小馆子里我吃面，海鲜城里你涮锅。老公鸡让他给我们一人说一段，总结总结我们。鸠山说，河里的石头往石山上背，往死挣瓜子（傻瓜）呀。水蛇腰说，就动个嘴，让你拔麦子还是打窖了？他说，比那累，蛇钻的窟窿蛇知道，溜一段嘴你得备好词，费脑子比费力气累人，你看作家头上头发都稀了，以前剃回头那头发都能擀个屁毡子哩。鸠山仰脖子喝了一杯酒说，都说我大那时间吃轻巧饭，受苦哩，只要开批斗会，只要忆苦思甜，你们不知道，我大那时候半夜半夜地不睡在想词哩，他又不识字，只能凭脑子记，我念书了，就让我记，有些字我不会写，就扇我，后来他还跟我学习哩，还要我跟他学，说这活学下了将来吃轻巧饭，你说他不忆苦思甜、说古道今的，看得清这世事变化？

水蛇腰说，你以前咋说我来着？鸠山嘿嘿笑着说，裤裆没缭严时候的事，谁还记得。水蛇腰说，轴承脖子弹簧腰，还有啥来着？鸠山说看把你想得吃力的，我再给你说一段：仙女下凡受了苦，比我婆娘还要丑，脸脸黑得赛包公……水蛇腰嘎嘎嘎地笑着打断鸠山。

筛子头

筛子头小名叫军军，三岁上得了一场病，病好了，头发却一坨一坨地掉，老家人叫臊头疮，整个头看上去就像一块豹子皮或者迎着光的筛子底，就给叫了筛子头，军军没人叫了。先是娃娃叫，后来大人也叫，越叫越响，只有他大他娘执着地叫他豹子头，想用豹子头把筛子头盖住。可那时候他大还不是大队长，没人理他们一家人的想法，何况豹子头这名字多霸气，威风凛凛，大家都有绰号，谁的绰号不是龌龊、猥琐的，谁愿意把这么好的绰号叫给别人？分明是给人家便宜占。尽管只要听着谁叫儿子筛子头，他娘就像一只闹窝护蛋的母鸡，扑上去堵住骂、缠着骂——他娘前庄后庄地骂过不知多少茬，甚至动手打过我们，也不止一次把儿子的头刮成了光头，可硬是没改过来。后来筛子头的头发像秋后的芦草又密又硬，一点看不出曾经一坨一坨的迹象，照样苫盖不住筛子头这个绰号。他大当了大队长，大人们总算不叫他筛子头了，偶尔有人不小心叫到了他大当面，便一脸诚惶诚恐地说：叫溜嘴了，看我这张烂嘴啊。可娃娃们照样筛子头筛子头地叫着，他大是大队长，吼一声把谁捆了，就把谁捆了，可拿不知天高地厚的娃娃却没办法。上学那年，他大请一位老先生到家里吃饭，为筛子头讨来了很有含义的官名，可娃娃一张声还是筛子头。绰号就是这样，一旦给你取上，就像长在你身上的黡子、瘊子或胎记，永远都消不掉。

大约是三年级，多数时候，每天早晨，我还在梦中，筛子头就踏进了我家院子，比《半夜鸡叫》里的周扒皮还准时。他蹑手蹑脚的，怕惊醒我，要是惊醒了我，他的阴谋诡计就不会得逞了。筛子头越来越阴险了，他这么早来我家，就是为了让我大抽我的沟蛋子，看我抱着沟蛋子像一只被土蜂叮了的山羊和牛犊那样狂蹦乱跳。每天早晨，只要筛子头到我家，把头往我睡的窑门里一抻，我大定会扑进窑里来，抡起大巴掌扇我的沟蛋子，边扇边骂："狗日的睡死个你。三岁看老哩，都多大的人了，我看你狗日的就是个讨吃的命。"要是反应慢点，我大扇第二下可比第一下重多了，而且一直要看着我把衣服穿好跳下炕才会离开。他怕他一走，他这个总是睡不醒的儿子又会倒头大睡起来。我的沟蛋子没少火烧火燎地疼过，每当这时，筛子头就会捂着嘴巴咯咯咯地笑。

我一直不明白自己为啥总是睡不醒，筛子头却能早早就醒了。有一次他大去县上参加学习班，他每天都早早来叫我去他家，看着他操持放声机（这是我们的说法），我才明白，筛子头之所以起得早，是每天惦记着起来操持放声机。那时候大队有一台放声机，手摇的，放唱片，带着高音喇叭和家家户户的小喇叭。从此上工，不再敲钟，而是放歌曲。早上上工，喇叭唱《东方红》，下午上工，喇叭唱《社会主义好》，唱《大海航行靠舵手》是学习《毛泽东选集》或者传达最新指示。筛子头他大是大队长，放声机就放在他家里。每天早晨，筛子头起来摇着机子放歌曲，放完就往我家来了。放声机，多么稀罕的玩意儿，多么诱人，要是手摇放声机在我家，由我放歌曲，指挥大家上工，我也能这么早起来，不麻烦我大抡起大巴掌将我从睡梦中扇醒。

奶奶都看出来了，说那娃明明要阴谋诡计来咧，你还那么扇娃的沟蛋子。大说，我知道，可他啥时早起过？我扇错咧？奶奶说，要扇也别那么大劲儿，扇娃娃就是个吓劲儿，你还着实地扇，又不是阶级敌人，你那巴掌扇驴驴都抖哩。大是不敢顶撞奶奶的，只是嘿嘿嘿嘿地笑着说，又不是真打，要真打他还不在炕上睡上几天半月的。大这么一说，奶奶的嘴就瘪了。要知道我的奶奶是我的外奶奶，我大七岁出门一路拉长工，后来就在这个村娶了我娘，外奶奶没儿子，我娘最小，外奶奶就在我家生活。因此，我一直叫外奶奶为奶奶。奶奶可是疼我大哩。我说奶奶，你都会用阴谋诡计咧，都知道阶级敌人，不简单咧。奶奶说广播上老说哩，灌上耳音咧。

偶尔会有筛子头来的时候我已经醒了的情况，我就装睡。窑洞里早晨的光线是很暗的，当他俯身把头挨在我头上看时，我就装做噩梦，“哇呀呀”一声大叫，一拳捣向他，筛子头“哇呀呀”怪叫着抱头往外就跑。他确实被我吓着了，他胆子其实很小。我嘎嘎嘎地笑起来。从窑洞里出来，我把脸栖在筛子头的脸上说，你早早起来赶过来吃屎吧，怕赶不上热的，怕让狗抢了。筛子头说，咱们谁跟谁，你还这么吓我？会吓出毛病的。我说，活该，谁让你给我耍阴谋诡计。有一次我一拳捣在他眼窝上，他眼眶乌青，说，你看你把我眼睛打的，咱们谁跟谁，你给我下黑手，我眼睛是不是给你捣瞎了？我说，是纸糊的也挨得住三锤两脚哩。他说，你看看，真的好疼的。我凑到他脸上去看，他一口就唾到我脸上，那是攒了一大口的鼻涕涎水，打着长线从我脸上挂下来。他嘎嘎嘎地笑着跑开了。我一直追上梁顶。

我跟筛子头确实不是一般关系，干什么事我们都是成双入对，人都说我们是一个鬼背着送来的。我抽烟的毛病就跟筛子头有关。筛子头会偷烟，当然是从家里偷。他不从他大现抽的烟里偷，他说那最容易被发现，只有他大喝醉了，他才会把他大身上装的烟偷走，因为喝醉的人是没有记忆的。他偷烟是从没有开封的整盒烟里偷。他拿出一盒烟，从旁边撕开胶水粘着的封口（那时候的烟没有塑封）取出三根烟来，然后再用糨糊粘好，晃来晃去将烟晃匀称，再放回去。一条烟他能偷出一盒半来。他研究过，一盒烟偷三根最合适，再多了烟盒就会瘪下去。

其实小时候并不觉得烟有什么好抽的，只是到了学校，把烟叼在嘴上，同学都会把目光投向你的，那感觉就是洋气、时尚，当然得是纸烟，叼个旱烟棒子，别人会嘲笑你。要是叼根大前门，那就风光极了。那时候就有段子，关于烟的段子我们都知道：县里干部长三分（带过滤嘴的），公社干部两边分（大前门），大队干部四脚奔（飞马牌），生产队长上秤称（烟丝自卷）。筛子头他大当了大队长就抽大前门，显然是提升了档次。大前门当时很流行。我们的品牌意识就是从大前门烟开始的。我用筛子头给的烟已经学会了好多洋气的手法，不但能把烟咽进肚子里，过上一阵才从鼻孔里悠悠喷出来，而且还会吐烟圈，一口烟能吐十个以上烟圈。一个烟圈接一个烟圈就像早晨发动起来的手扶拖拉机不断喷出来的一样。

我（包括村里人）对筛子头的重新认识，是在我们五年级的时候。那年，他大给民兵营长带人捉了奸，丢了大队支书，因为是跟一个军属，还提上了破坏军婚的罪名，被押上了批斗台。

做为批斗会的一个环节、工作队让筛子头上台去唾他大，筛子头不上去，工作队就逼黄校长，黄校长就在课堂上逼筛子头，他把头一扬说，我不会唾我大的。黄校长说，你要不上台唾你大，书就别念了。筛子头说，不念就不念了。他就把书包一甩背在肩上走了。第二天，他大送他来上学了，老师说，他必须唾，不唾是不行的，不是我逼他，是上面逼我。他大毕恭毕敬地点着头说，在家里已经教过他了，教过他了，他一定会唾的。黄校长就答应让他继续上学了。第二场批斗会很快就来了，当他跟着学生上了台子之后，仅仅是抬头看了一眼父亲，又跳下台子跑了。下午，黄校长把他堵在教室里对他说，你再不唾，就不要来念书了。从此，他就不上学了。每天早晨，我背着书包上学去的时候，他站在早晨金箔一般明媚的阳光里，看着我走向学校；下午放学，当我背着书包回家的时候，他披着一身古铜色的夕阳，站在黄昏里，看着我走向家中……

筛子头坚决不上台唾他大，倒为他赢得了好名声，人们对筛子头的看法一下子大转变。都说淌鼻子出好汉，这话实实的，你看筛子头，将来是条汉子哩。筛子头那时候鼻子就是多，鼻台子上总是趴着两条皮条虫一样晶亮闪光的鼻涕，经常"咕咚""咕咚"的，鼻涕快掉到腔子上了，他"咕咚"一吸，鼻涕就像拉长的皮条又弹回去了。有时候鼻子不透气，吸不起来，他就像牛一样，伸出舌头往上一卷，卷进嘴里去了，"咕嘟"一声咽了。后来我想，这是因为他起得早，即使是夏天，我们这里早晨还是很凉的，因此他总不停地"咕咚""咕咚"。

筛子头不唾他大，许多唾家里人就像唾外人的娃娃就被人看小了。不过筛子头恨死他大了，他大坏了他的大好前程，不然他会当兵，将来就是吃粮票的公家人了。这下全完了。我上初二的时候，筛子头离家出走，他去了新疆，再见面已经是几十年后的事情了。

水蛇腰

“楚王好细腰，宫中皆饿死。”据说楚王爱姬的腰，一把就能攥住。宋玉在《登徒子好色赋并序》中有这样一段描写：“眉如翠羽，肌如白雪，腰如束素，齿如含贝。嫣然一笑，惑阳城，迷下蔡。”身材只说到腰，可见腰之魅力。至唐朝，“楚腰”便成了美女的专用词。“落魄江湖载酒行，楚腰纤细掌中轻。十年一觉扬州梦，赢得青楼薄幸名。”说是太和七年（833年），杜牧在扬州淮南节度使牛僧孺幕下任书记之职。当时的扬州已非常繁华，唐风淫靡，扬州尤胜，腰缠十万贯，骑鹤下扬州。每到傍晚，青楼挂出纱灯数以万计，街巷里珠翠夺目，美女如云。杜牧时年三十岁，通宵达旦不归。牛僧孺极欣赏杜牧，怕有闪失，派三十名士兵微服暗随。杜牧并不知情。两年后杜牧回长安出任监察御史，临行前牛僧孺设宴送行。酒至半酣，牛僧孺委婉劝诫杜牧说，应以远大前程为重，我担心你不拘小节，对身体健康不好。杜牧说，我很检点，不至劳你如此忧念吧。牛僧孺叫人捧出一个锦匣，里面全是微服兵卒的密报，如“某夜，杜书记过某家，无恙”之类。杜牧看后，非常惭愧。后来杜牧回忆这段生活，写下《遣怀》这首绝句。

就当下情形来看，在城里要嫁得好，长个水桶腰是万万不行的。然而，二十世纪六七十年代，一旦被人们叫了水蛇腰，那是一种灾难。我们小学课本中就有“水蛇腰”这个词，知青老师的解释是用来形容地主家的女性，品行不好，对人民有阶级仇恨，教育让我们知道被称为水蛇腰的绝对是坏女人。现在想来是由于她们不参加劳作，保养得又好，穿戴得又好，就有了风摆杨柳、水浮荷花的婀娜身材，用水蛇腰来代表她们，其意是她们“四体不勤”，剥削劳动人民的血汗。一个经常劳作的人，腰是要粗的，腰不粗就没劲，因此说一个人干不动活就说“腰里没劲”。

朱杏不念书就是因为水蛇腰这个绰号。朱杏走路轻飘飘的，就像走在云彩上，而且喜欢扭来扭去地走，还喜欢回头照影子。学完描写的一个绰号叫水蛇腰的地主婆的课，水蛇腰这个绰号就黏在了朱杏身上。鸠山编了顺口溜：弹簧脖子轴承腰，走路好像水上漂，上山下沟不嫌累，水边还要照一照。老家人笑话一个丫头子爱美，说是走路都回头照影影子。顺口溜押韵顺口，朗朗上口，最有杀伤力，我们就追着朱杏像唱歌一样。

几天后，朱杏娘啼啼哭哭闯进了课堂，“千刀万剐的、嚼烂舌根的、头顶生疮脚底流脓的”大骂了一通，唾了他们每个人一脸的唾沫，告黄校长说凭啥把我女儿叫水蛇腰？我们家可是几代的贫农。黄校长嘿嘿嘿地笑着说，娃娃嘛，哪有啥想法，他们都是叫着耍哩。他们哪个没有绰号，连我他们都起了绰号，叫我黄世仁哩。朱杏娘却说再起个啥绰号都行哩，可起这么难听的绰号。黄校长说他们的绰号还有叫八嘎、鸠山、二十一、胡汉三的呢。朱杏娘说，黄校长，你是文化人，你想想，水蛇腰是啥样人，一个女娃背得起？水蛇腰就是狐狸精，勾引人，有作风问题，这叫我女儿以后还咋活人？长大还咋嫁人？黄校长就“哦哦”着说，这点我没想到。朱杏娘又说，朱杏哭了几天几夜了，眼睛肿得像桃子。黄校长说，你回去叫她来上学吧，谁敢再叫我就开除他。朱杏娘离开学校时，两手叉腰老鹰追小鸡一样追着全校学生又骂了一通这才走了。朱杏娘一走，黄校长把我们集中起来拍着桌子训了一顿，说谁再叫朱杏水蛇腰就开除谁。可是校长管得了校园里面还能管得了校园外面？

家长告状的结果只能是火上浇油，报复不隔天，第二天的上学路上，我们叫得越发猖狂，追着撵着堵着围着朱杏，打着拍子踏着节奏叫。朱杏掉头一路哭着回了家。朱杏的妈又来了，黄校长无奈地说，我也没办法，他们都不把我叫黄校长，叫黄世仁哩，黄世仁知道吧，又逼杨白劳又抢喜儿，那可比水蛇腰坏多了，我还能把他们一个个抓住吃了？

朱杏娘又来学校追着我们骂过，虽然朱杏不念书了，我们见了面依然围追堵截，打拍子唱顺口溜。尽管朱杏不念书了，还得躲避与我们相见。她还不到挣工分的年龄，就去割草，搭柴火，做针线，看见我们就远远地躲了。有一次放学，他们远远看见她背着一捆柴火从黄羊坡上下来，就躲在她必经的一个壕沟里等她。可是等了许久，不见朱杏过来。我们去寻她时，她没了踪影，跟着脚印找她，才知道她绕了好大一个圈子从另一条路回家了，那要绕出几里路远，背着那么大一捆柴火。

那年，朱杏的儿子大学毕业来找我，朱杏说，你可别不当回事，你们当时咋害的我，还记得吗？不然我也能把书念到头，有你吃的轻巧饭。我嘿嘿地笑着说，你现在腰可有些粗，系多长裤带？她咯咯咯一笑说，你来搂一下。我说来。她就笑了，说，生了几个娃，孙子眼看有了，腰能不粗？比你的小不了几寸。又说受苦人么，腰不粗哪来的劲，能干动活？又不是城里人，不用干活，扭着腰身勾引人哩。

朱杏不念书了，水蛇腰这个绰号在学校就空下来了，念书的还有几个女娃，可是都不适合水蛇腰这个绰号，绰号是要恰如其分的。但很快就来了一个替补者，班上来了一位插班生，是个城里丫头子。时光在水中，我现在竟然想不起她的名字，依稀记得也姓朱，因为她只在我们学校上了一年学就回城里了。后来去疼片调到县医院，连家带营走了。有一年，我去县上，专门去了县医院，去疼片说他们一家人早都去美国了。我没好意思问去疼片她的名字。

她是暑假来的，那天我在天河谷砍草。暑假里砍草是我们的主要活计。猪、羊、牲口都是要吃草的。我砍草都是在下午，牲口卸了地，套驴车去天河谷。天河谷草厚，一会儿就砍满一车了，一日的草就够了。我还能挖秦艽、甘草、地骨皮等药草，也能拾骨头、拣鸟蛋。这是我们的副业，公社收购站收。砍满一车草，我正在草丛中寻觅草药，忽然觉得眼前一亮，定睛一看，是一个丫头子，和七婶一起走了过来。七婶穿着一身灰布衣裳，看上去和呱呱鸡一样灰不拉叽的，这女娃却像野鸡一样惹眼，她穿着米黄上衣，雪白裤子，一下子让绿得一塌糊涂的天河谷鲜亮起来。我痴痴地望着，她会是谁呢？我们庄子上可没这样的丫头子。七婶是去疼片的女人，她是去疼片家的亲戚？没听说去疼片在城里有亲戚呀。

她们越走越近了，我忽然害羞了，忙向草丛里闪去，因为我光着上身和脚，只穿着半截短裤，屁股上、大腿面子上还打着补丁，而且脚指头蛋子让草汁染得墨绿，从太阳投下的影子我看到自己的头发像鸟窝一样毛乱。七婶叫我，油葫芦，来认认你新同学。我脸烧得厉害，心里骂七婶嘴长，怎么能叫我的绰号。你好，那丫头子说。她说的是普通话，声音轻巧绵柔。我抬头看她一眼，忙把头垂了下来。我有些奇怪，自己平时见了女娃不这样的。那丫头子从背着的小包里掏出两颗糖递过来说，吃糖，婶儿，你从包里给我再掏些，我包里就剩两颗了。七婶说掏起来麻烦，以后再给噻，以后你们就是同学，常见面哩。我没接，把手背到后面去了，因为我的手也沾满了草汁，比脚干净不了多少。七婶从她手里把糖抓过来，塞进我手里说这糖可不是一般的糖，奶糖，不要说你没吃过，咱公社供销社里都没卖过。七婶边扇衣襟边说，女儿，快走，渴死了，乏死了，我宝贝女儿从来都没走过这么远的路。我瞪大眼睛说，你女儿？七婶嘻嘻一笑说，可不是我女儿。七婶显然是胡吹冒料，谁不知道她不生养。

七婶扯着她走了。她回头问，啥时开学？都是黄校长啥时在高音喇叭里喊啥时开学，我也不知道开学的具体时间，就说，才放学几天，早哩，开学的时候我去叫你。她说那谢谢你。她们走了，我听到七婶说，给两个糖就行了，还要抓一把给他，看把你富有的，这糖贵得要命。我心里骂瘦瘦鬼，啃狗腿。她走到远处了，又回过头招招手说，再见，以后带我一块儿玩。我也摇摇手，痴痴地望着她们消失在了山弯背后，回过神来，我想，她怎么会来我们这里念书？想想，不明白。看看手里的糖，上面有只大白兔，两只耳朵立楞楞拃着，写着“大白兔奶糖”。现在想来，这是我最早接触的名牌产品。我小心翼翼地剥开糖纸。滚过蜡的糖纸绵柔而滑润，跟水果糖脆干的糖纸俨然不一样。舔一下，真好吃，再舔了一下，我将糖裹了起来。这糖奶奶肯定没吃过，当然要给奶奶留一个，另一个我想与筛子头分享。筛子头肯定也没吃过，他要吃过我也就吃过了。筛子头只要有好东西，肯定和我一起分享，用他娘的话说，筛子头就是掰个虱子腿腿都想着我。从筛子头那里，我吃过好多东西，糖、饼干、核桃酥、小人参，烟就吃了无数了，虽然我也给他带这带那的，可是终归吃他的东西多，而且都是稀罕东西。这让我总觉得欠着筛子头，欠着人家的，在有些事上就不能完全保持自己的意见与立场。当然一颗糖是补偿不了筛子头的，但这能表明我的心意。我身上没口袋装，就用灯索草拴了两颗糖，挂在脖子上。

奶奶去了姑姑家，筛子头又跟着他大到县上去了，我只能将两颗糖藏起来。身上是不能带的，这糖已经软乎乎的，再带在身上就全化掉了，就是不化掉也让我舔光了，糖装在身上，哪个娃娃能管得住自己的嘴呢。找了半天，我将两颗糖藏进帽壳郎。帽子挂在窑墙上，我要跳一下才够得着，老鼠是上不去的。放进去之前，我又剥开舔一口。可第二日早晨起来，我发现帽子掉在炕上，两颗糖不翼而飞了。我把帽子翻了又翻，又在炕上摸搜了一遍，也没有。我努力地回忆是不是自己睡得稀里糊涂爬起来吃掉了，可没一点印象。我寻找糖纸，糖要是梦中吃了，糖纸总该在吧，糖纸也没找见。奇了怪了，难道糖长了腿生了翅膀，上天入地了？我不小心一脚踩在呼噜呼噜酣睡的花猫上，花猫“喵呜”一声打了我一爪子，我脚背上就有了两道血印。我恼火了，踢了花猫一脚，花猫“喵呜”一声跳到地上去了。我将帽子挂回木桩上跳下炕来，拿了一块馍啃着往出走时，发现猫一纵一纵地跳着够墙上的帽子，帽子被它拨得荡着秋千。这时我看到糖纸黏在猫的嘴巴上，这乳白色糖纸与猫黑白相间的毛色混合了，成了一个图案。我扑上去追着猫去打。人哪里追得上猫，猫在背墙上、箱盖上、缸沿上、锅台上窜来窜去，最后窜出门去上了院里的杏树，冲我“喵呜喵呜”地叫着，这分明是嘲笑和挑衅。我从书包掏出弹弓，夹了三颗石子，瞄墙头上一排叽叽喳喳饶舌的麻雀，三颗石子齐发，运气真好，打下了一只。我一根线绳拴了麻雀的一条腿，麻雀在院里跳来跳去。猫从树上跳下来，向麻雀扑了过去，猫摁住了麻雀，我扑过去摁住了猫，当然是拿衣衫蒙着摁住的。整猫可不像整狗，狗只会咬，可猫不但会咬，更会抓，而且抓比咬厉害，四只爪子就像铁刺。然后，我用线绳子将猫一条腿一条腿扎捆，最后把腿捆在一起，猫给我搐成一个疙瘩，倒挂在杏树上。就这我的手背被猫抓了一爪子，肉皮就像犁沟一样翻开，血就喷涌出来。我抓了一把沙土，覆在上面揉了揉。我拿出弹弓把猫当靶子练了一阵，吹着口哨走了。

过了一个假期，朱庭枝就要得像我们这里的丫头子一样疯了。开学不久，水蛇腰这个绰号就背在她身上了。因为大白兔奶糖，我是想阻止把这个绰号叫给她的，这个绰号太不好了。可我哪里阻止得了呢？我们奇怪的是一叫她就答应，而且很开心，还把腰再扭一扭。

后来我才知道她父母相继被劳改了，一个在新疆，一个在云南，劳改的地方是蛮荒之地，城里又没啥亲戚，她娘就把她托付给了去疼片。赤脚医生每年都到县里、地区、省里培训，她娘就是培训老师，他们应该是师生关系。去疼片没有子女，当然看待得好了。值得一说的是，去疼片的医术进步很快，而且他敢用偏方给人治病，又因为他曾经做过兽医，给人下药重，有些病一把就抓了，后来他被县医院挖去了，坐专家门诊。现在自己开了诊所。

胡汉三

我平时很少看电视，只是吃晚饭的时候看看国际新闻。那天打开电视找新闻台时，有一个频道正在播放《红灯记》，是原版老电影，就看了起来。女儿回来，却要听歌，说："这有啥看的。"她吧嗒换了频道。我说："换过来换过来。"女儿说："你喜欢看这种东西？"我说："这是样板戏，以前红遍全国。"女儿说："什么是样板戏？"我说："它是一个样板，所有的戏都得像它那样。"女儿说："戏都一个样子还有什么看的。"她又换过来看了一阵，说："就这还红遍全国，太无聊了。"吧嗒又换了频道。我说："倘若要按照现在的票房上座率，《红灯记》应该是全世界第一，无法超越。"女儿说："你们那时候真是可怜。"

是啊，对于女儿这般年纪的孩子来讲，这种片子像老古董一样，是不可理解的。他们把红头发、黄头发、绿头发的歌星崇拜得跟啥一样，怎么能理解这个片子对于我们这一代人的意义呢？

我想起了胡汉三。胡汉三已经入不了群了，因为他已经不在人世了。

我第一次看《红灯记》不是在我们庄子，是在唐寨子，有十几里的路程。那是个冬天，胡汉三说唐寨子来电影了。来电影了，对于我们来说那可是一件大事，那是我们的福音。只要我们听到哪个村子演电影，定会去看，我们最远撵到二十八里远的村子看过电影。那天，我们连晚饭都没吃，就去了唐寨子。然而，电影开演后，我们大失所望，就连大人爱得要命的秦腔我们也欣赏不了，《红灯记》不但是大戏，还是京剧，我们哪里欣赏得了。大戏里如果有武戏我们还能勉强看一看，因为有些演员会特技杂耍，铡人、换头、喷火、倒腕挂经、鞭扫灯花、鞭打靠旗、五雷打碗、扑洪沟，绝妙惊险，打红拳跌叉、搬朝天镫、做胡旋舞、翻小翻、搬石头、耍单鞭、抡大刀、跑马、打秋，等等，我们希望能学到那么两手。文戏里有丑角戏我们也能看一看，因为丑角在戏里有精彩的念白。

一不吹牛二不喧，我家三辈做大官；我爷见过皇上的面，我婆跟娘娘吃过饭；我爸穿的是黄马褂，我妈穿的是绫罗缎；出门不走坐软轿，回来捶背有丫鬟；吃饭端的是玉石碗，尿盆上镶的是五彩蓝；过年过节礼送满，绅五绅六都来舔；自从我爸钻了土，地方上的绅士趔得远；换了人，换了脸，翻过来给咱还打算盘……

勉强地看了一阵，我们骂着啥烂灰电影，祸害得人跑这么远的路，沮丧地离开了唐寨子。走夜路的人都知道，月亮越明越不安全，因为月光是带着诱惑的，什么都在似与不似之间，人容易上当受骗。

起初我们走得还很从容，忽然鬼火出现了，幽蓝的火苗时明时暗。尽管知青老师给我们讲过鬼火是磷火，但在我们的意识中那是鬼提着灯笼在走。我们谁都不说鬼火，老人说不能声张，就当没看见，说出来就是看见了，那就是招惹，鬼这东西是不能招惹的，谁招惹上谁的身。没有人说快走，但大家的脚步都悄然加快了，谁都明白吃亏的永远是后面的人，因此都往前挤，越挤越快，那真是争先恐后。我想大家眼前一定浮现出庙里壁画上的情景。我们都不敢回头，老人说人的两个肩头各有一盏灯，人看不见，鬼却看得见，只要灯亮着，鬼就知道你胆子正着，不敢附身。因此，害怕时千万不可左顾右盼，一左顾右盼就吹灭了肩头的灯，鬼见你肩头的灯灭了，就知道你心虚了，胆输了，就敢附身了。我们端着头往前疾走。总会有人崩溃的，不知谁大叫了一声，这就像百米赛跑打响了发令枪，我们撒腿就跑开了。我们彻底吓破了胆，头发都奓起来了。老人说鬼怕火光，害怕时就刨头发，头发会发火。我们边跑边刨头发，立时噼里啪啦地响成一片，个个头上火星闪烁。越跑越吓人，我们像旋风卷下山冈，卷过沟壑。那完全是一场疯狂的赛跑，十几个人蹬起的尘埃让我们大声咳嗽着。自然有人落在后面，“妈呀妈呀”地大叫着，就像被鬼抓住了一样。

一直到接近庄子，狗叫了起来，一只狗的叫声引来数十只狗的狂叫，我们这才心安了些。虽有狗的叫声壮胆，但我们依旧飞奔着。一直到了南山坡，看到庄子了，看到依稀的灯火，狗叫着迎我们来了，谁家的狗扑向谁，我们扑倒在草坡上，大口大口喘着气，就像从地狱逃回了人间。我们至少跑过了十里，呼吸像穿过峡谷的劲风，心像锤头狂捶胸膛。当我们的呼吸渐渐舒缓，心跳渐渐平静，我们听见有气无力的哭诉声，支支吾吾的，像男的，又像女的，听上去鬼声鬼气的。想到大人说鬼会变声，我们跳起来又跑，后面有人声嘶力竭地号叫：妈呀妈呀，有鬼在啃我，救救我呀，有鬼在啃我，救救我呀。这更吓人了，谁敢掉头去看个究竟。

我们又一路狂奔，进入村巷，到麦场上，扑倒在麦秸垛上，才彻底放松了。那呼救声终于撵上来了，是胡汉三。胡汉三肉墩墩的，很像《闪闪红星》中的胡汉三。他声音都嘶哑了，像只鸭子扭扭捏捏跌跌撞撞冲过来，扑通跌倒在地上，口里还叫着，妈呀妈呀，有鬼在啃我，救救我呀，有鬼在啃我，救救我呀。我们借着月光一看，原来是一朵干了的狗牙刺抓在胡汉三棉裤裤腿烂边子上，狗牙刺又密又尖，随着跑动在脚脖子上抓来抓去，可不像是鬼尖利的獠牙在啃。胡汉三的脚脖子已给抓得血里糊拉的。胡汉三像秋风中的鸡娃抖成一团，重复着妈呀妈呀，有鬼在啃我，救救我呀这句话。我们大声叫他，他依然这样叫着，他已经神志不清了。他已经站不起来了，我们把他抬回了他家。

从胡汉三家出来，我们都冲着自己的家狂奔起来。

第二天上学，胡汉三没到学校来，他娘来给他请假。胡汉三的娘大嗓门急性子，还在院子外面就喊，黄校长，我儿子魂丢了，今儿给叫魂哩，上不成课了，给请个假。人还没进大门，假已请完了，掉头又风风火火回去了。下午放学后，在回家的路上碰到胡汉三他大抱着一只公鸡，从河谷走来，边走边叫：守院哎，回来——守院哎，回来——胡汉三的娘就跟在他大屁股后，应着，回来咧，回来咧。守院是胡汉三的小名。

自此，胡汉三就呆痴了，动不动就说些莫名其妙的鬼话，腔调都是故去的人的腔调。这种病该找夜猫子给看，可老夜猫子疯了。胡汉三越来越瘦，说是啃骨头吃肉，也不长个了，他弟弟都长得把他撂了。他爷讨了个偏方，把毒蛇剁成指节长短，喂乌鸡。鸡吃蛇后就肿了，然后把鸡宰了，在内脏塞上黄芪，炖了给胡汉三吃。经常看见他爷、他大在山里抓蛇。我们那里有蛇，但都在山上。但胡汉三一直没有好转，踉踉跄跄地勉强活过了四十就没了。

谎溜子

谎溜子，出来丢个谎。这条微信一发出，大家都复制了发。

谎溜子出来了：不怕谎言成真？

我们都回复：不怕！

从我们记事起，谎溜子的名声已经很响了。只要人遇见他，都会说，谎溜子，日急慌忙地做啥？来丢个谎嗦。老家人把撒谎叫丢谎。许多人往往就在这个时间上当了。

要说撒谎，哪个娃娃不撒谎呢？可我们撒谎很容易就被人识破了，这很让人沮丧。可谎溜子撒谎，虽然也会被人识破，但人们上当的频率远远高出我们撒的谎。他经常给大人撒谎，上当者竟然不少。我们也对大人撒谎，总是被他们识破，成功者寥寥。谎溜子撒谎确实有一套，或者说他有撒谎的天赋，看见有人走过来，他先急慌慌走起来，一副有急事没工夫撒谎的架势，人说谎溜子别走嗦，丢个谎再走。他依旧急慌慌地往前走，人就追问你急慌慌地能有啥事，他就把谎给你撒下了。你家最容易出啥事，他就拿啥事撒谎。二十一的爷爷活瓜了，经常走得找不见，他会对二十一说，你爷沿着河谷走了，还不快去追。有一次，他正爬一棵树，猪大肠过来了，说谎溜子，吃豆子，大屁撒了一路子，你大接了一锅子，你娘炒了一桌子。谎溜子说你还在这里卖嘴，你娘上吊了，在河湾的树上挂着哩。猪大肠哇地号哭起来，哭着往河湾里跑。猪大肠的大老打他娘，因为他娘光生儿子，还一肚子生两个。女人不生儿子是灾难，可只生儿子也是灾难。因此说聪明女人是开朵花结个果，说的是花生，一儿一女地生，这样以后日子就轻省一些，穷得娶不起媳妇，就换亲。猪大肠的娘已经生下六个儿子，还没生一个女儿，他大一着气就说你一叉腿一个干头儿子，生这么多吃肉呀，就打他娘，他娘已经上过几回吊。猪大肠号哭着往河湾里跑，人问咋的了，猪大肠说我娘上吊了，在河谷树上吊着哩。人们就都往河谷里跑，去了才知道是个谎话。鸠山他大碰见谎溜子，说谎溜子，丢个谎。他说，你儿子掉窖里了，不赶紧去捞，还有工夫耍笑我？鸠山他大知道是个谎没理会，结果鸠山的弟弟真在那天掉进窖里淹死了。其实谎溜子并不知道。这当然是因为鸠山的弟弟经常趴在窖口照窖里水面上的影子。谎言成真，那就成了咒语。谎溜子被他大揍得好些天走路一瘸一拐的。谎溜子有时候就在村巷里疯跑，边跑边说陈武寨来电影了，周庙来电影了，这是常事了，却总是有人上当。当然，他在家里也经常撒谎，有一次他家羊脱圈了，跑到生产队的庄稼地里了，他撵到地里给他大说，他大正在犁地，以为他在撒谎，抽了他一鞭子。结果他家的羊真的脱圈钻进生产队庄稼地里了，他大又打了他。谎溜子说，我说了你不信，还揍我，你是人不是人。他大长吁一声说，你狗日的啥时候能让人信你。因为撒谎，他没少挨揍，可他不管挨多重的揍都不改，被揍得号哭的眼泪还没干，一个谎又撒下了。他撒的许多谎，你不认真对待，怕是真的，你认真对待，结果是个谎。他喜欢这样看人家在他的谎言中忙乱奔走。

那年，谎溜子撒了个大谎，可以说是弥天大谎，庄子上的大人都上当了。那天，他出去砍草，社员散工了，从他身边过一个人就叫他一声谎溜子，过一个人就叫他一声谎溜子，这让他很生气。他坐在山坡上生着气，听到了隆隆水声，便爬上马大山顶，看到大沟里洪水滔滔。他看着大水，忽然掉头从山坡上往下跑，跑得跟头流星的，一路上有人问，你跑啥，吃屎撵不上热的了？有人说，谎溜子，又想丢啥谎哩。他不搭话，依旧跑。跑回家，他提了一把刀，背了背篼又往外跑。他大说，你狗日的提刀做啥去。他娘说，饭熟了，你不吃了？他也不搭话。他娘说，这娃怪得，不会是大沟里冲下啥死东西了吧？他大追到村巷里来说，你狗日的做啥去？他头都不回，就是个急慌慌地走。因为刚刚散工回来，女人们在做饭，男人们都蹴村巷里谝闲吃烟，虽然他不像平日那样沿着村巷走，而是或越墙或隐于墙根疾走，有意避着村巷里的人，人们还是看到他了。有人就喊，谎溜子，日急慌忙的做啥去？过来丢个谎。他只是疾走，人们就说，这娃今儿日怪，咋鬼鬼儿的，做啥去？看到他大也提着刀子跟在他后面疾走，人们立刻就想到了什么，有人说肯定大沟里吹下东西来了。这话就像一阵风刮过村巷，人们立时都进门提了刀子背了背篼往大沟来了。砍肉去，砍肉去，人们这样说着，因为他们看到了刀子。

大沟是一条纵贯我们这片土地的沟，串起了好多沟、壕、谷、川，暴雨盛行的夏季，沟里常发洪水。因为它蜿蜒几百公里，据说一直通到黄河，沿途下了暴雨，沟里就洪水滔滔。因为经常过水，沟里潮润，草长得茂盛，羊牲口常在沟谷里放牧，山洪下来，羊群躲闪不及，就会被洪水卷走。像条巨蟒横卧的马大山在我们村庄边努出一个嘴儿，大沟拐出一个弯，形成了一个滩涂，洪水从上游卷下来的东西常在这里被翻卷到滩涂上。因此，滩涂上经常有死羊死猪死鸡，有时还会有大牲口，也有人。最多的一次卷下来过五十多只羊。在我们这里，死了的东西只要没臭，都是可以吃的。人们说这是老天赏赐的一口肉。

人越跟越多，就像赶集会一样。我们也都在人流中。这是七月的正午，人们五更起来收了一上午的麦，连口饭都没吃，又穿过田野，翻越马大山，但人们都显得精神百倍。结果可想而知，人们到了滩涂，什么都没见到，而且，连谎溜子也没见到。这个谎撒得连刘家三爷都拄着拐杖翻了马大山。刘家三爷在刘家主事哩，属于一言九鼎的人物。回来就蹬着谎溜子家门槛骂起来。刘家三爷说你再不好好教管，他长大就是个祸害。谎溜子他大赔着笑脸，拳头攥出咯吧声，可是谎溜子没有回家。队长也到他家骂了，说你咋生了这么个祸害，拔了一上午的麦，饭都没吃上一口，又翻山越岭的，活还干不？扣你们一家人一天工分！谎溜子他大眼睛一绷说，我儿可没说大沟里冲下来牛羊了，我也没说。队长说那你儿提着刀做啥？谎溜子的大说，我儿提个刀咋了？又不是提了个人头。队长给噎得没话说了，谎溜子的大还不依不饶地说，日怪不，往我儿头上栽赃，你也叫谎溜子，他也叫谎溜子，都知道他谎大，你们跟着做啥？我要知道还跟着你们翻马大山？你们头不比我儿头大，里面装的都是草啊？这话他是站在自家院墙上骂的，显然是骂给围在他家门上的人听的。

谎溜子去了哪里呢？他翻过了马大山，没有去滩涂，而是向东去了黄羊坡，那里有生产队的瓜地。他看到老鱼头也往滩涂去了。他进到了瓜地，如入无人之境，西瓜、香瓜都已经能吃了，他摘了满满一背篼，潜到堡子山去了。我们当然找得到他了。他躺在阴凉处，见到我们后嘎嘎嘎地笑，就像驴一样在地上打着滚笑，他笑得把鞋子都蹬掉了。他太开心了，这谎简直让他亢奋。他说笑死人了，美死人了。他拿出瓜来招待我们。

我们吃着瓜，他竟然还带了馍，显然他做足了准备，他要躲过三天才会回家，这是他娘给他说的。他每次撒谎，他大都要揍他，他娘说你咋这么瓜（傻），撒谎了还敢回来，你不会等人气消了再回来。不过，他不带馍也没事，他有我们几个铁杆兄弟，还会饿下他？我们会给他送馍吃的。至于晚上，草摞麦垛撕个洞进去，比在家里还爽快。我们经常钻在草摞麦垛中，逃避家人的惩罚。倘若遇到天阴下雨，我们会把他接到我们家去。

那年立夏，最后三名知青离开了我们大队。一大早，我们就在猪鼻梁上俯瞰着老庄子。一周前，大队长已经在广播上喊过他们的名字，让他们去县里做招工体检。昨天他们一人写了一篇扎根感言，晚上吃完饭在广播上念。他们用的是普通话，念得抑扬顿挫。他们说：经过五年的插队，锻炼了我们健康强壮的体魄，培养了我们吃苦耐劳和不屈不挠的精神；我们与贫下中农建立了深厚的无产阶级感情；我们融为一体，打得火热；

贫下中农纯朴高尚的品格和无私奉献的精神，像随风潜入夜润物细无声的好雨浸润着我们，让我们养成了说老实话、做老实事、当老实人的品格，这将让我们终身受益。人们都围坐在榆树下听，榆树上架着高音喇叭。人们边听边笑，说这些知青娃，说的比唱的还好听，其实吧，恨不能把飞机拽下来坐飞机回去哩。

大队派了一辆驴车，送他们去公社坐班车去县城。估摸因为终于要离开了，他们激动得一夜没睡，早收拾好了自己的东西等着。驴车一进院子，他们把铺盖卷往车上一架，就唱着来时唱的歌离开了。他们比来时更兴奋，歌声比来时更嘹亮。看着他们欣喜若狂地远去，我们内心充满了忧伤。五年了，尽管他们已不再把麦苗当韭菜、嫌牲口粪脏不愿用来烧锅、在田地拔了萝卜直接用樱子拧扭几下就吃，也不怕吃了蒜葱难闻，也不嫌驴骡毛脏，骑在背上优哉游哉。他们也不像初来时那样鄙视我们，耍笑我们，甚至有些热情。但，他们并不是像他们说的与贫下中农融为一体，打得火热，他们有他们的世界，对我们是封闭的。他们来的时候，我们天真地以为他们将在我们这片土地上生儿育女，传宗接代，扎下根去。然而，第二年我们就发现这完全是我们的臆想，他们根本就没想过把根扎在我们这里，他们说的扎根，只是像口号一样，他们从来没有想过跟要我们一样。因为从第二年开始，他们就为了离开而奔波了。他们让我们认识到了这个世界是有差别的，让我们认识到了我们与这个世界的距离。

谎溜子从坡下冒出头来，他高举着那个表。知青就像马尔克斯笔下那个每年三月走进马孔多的吉普赛人，带来许多稀奇的时尚的新潮的东西，比如他们的包、鞋、帽子。他们将色彩亮丽的衣服搭在树枝上，对于我们来说那就像旗帜一样。比如他们的收音机、气枪，再比如这个表，应该说是闹钟，小碗那么大，表盘上有一小堆黄米，一只美丽的大公鸡一直在啄那堆米。这是那个年代城里常见的一种闹钟，但在我们那里是多么稀罕的东西，从我们见到时起，我们都盯着，却让谎溜子得到了。

谎溜子说是知青送给他的，谎溜子的话我们咋会信呢，何况他说是知青送的。要是知青刚来的时候，说知青送的我们会信，知青刚来会给我们送小玩意儿，但渐渐地，他们就不像刚来时大方了，再后来他们就像我们这里人一样抠门了。他们回家会带东西来跟我们这里人做生意，我们没钱，他们就要我们拿东西换。有一个知青从我们这里换了不少老东西，后来，他还专门来收老东西，据说赚了不少钱。

知青已经消失在山梁背后，我们传看着那表，问他怎么得到的，他说真是送的。我们怎么逼着问，他就是不说实话，我们就异口同声说是他偷的。贼娃子这名声可不好背，比谎溜子重多了，他给逼急了才告诉我们，他跟知青做了买卖，在村巷里捉了一只鸡换的。他说，知青会把东西送给你？想得美的，要两只鸡哩！我说，就这一只，你们想换就换，不换拉倒，他们就换了，昨晚就把鸡宰了吃了。至于鸡是谁家的，他也不知道。

我们说，那你还是偷的。

现在小学同学中最富的是二十一，过来就要数谎溜子了，他和三个儿子都在县城里买了房子，还有一套门面房，坐定吃租子。谎溜子咋富起来的，谁都说不清，都说那灰日鬼得很，一步三个谎，从小就扯皮溜谎没个实话。对于谎溜子的发家致富，我们有两种猜测，一是买彩票中了奖，二是挖出了老地主家的财宝。他家匀了老地主家的一孔窑洞，据说那窑里埋着老地主家的财宝。不过大家都说那家伙撒谎把脑子锻炼得可好使了。有人说，孩子在撒谎时会尝试着如何组织更有说服力的语言，营造更自然的面部表情，编织更合理的幻境，以构造出成功的谎言。在惯于撒谎的这个阶段里，孩子的语言表达、逻辑推理、自我控制能力和想象力都会得到极大的发展。这是有道理的。

以前老庄子就像一坨干透了的牛粪，现在树也长起来了，院墙也打起来了，老庄子让知青住活了，风水被知青改过来了，获得了新生。知青走后，胡汉三他大要把两个儿子搬到老庄子去，刘家人出来挡了，说那是他们祖先的庄子。他们开始往回搬了。他们都去找大队长，大队长说谁谁不听，最后说，你们打去，一个把一个往死里打，打完了公安上就来处理了。后来，谎溜子家占了那地方。尿壶说脑子不好的人弄不来的。

胎毛儿

“我看你就是个坐飞机的命。”这是老家人嘲笑那些不脚踏实地爱幻想的人时常说的一句话。老家人做过各种各样飞翔的梦，就是从没有做过坐飞机的梦。飞机就像冲天而翔的老鹰，高不可攀，抬头看看了了心思就行了，至于坐飞机，那是有大本事的人的事。不过，飞机我们倒是经常见，因为每天都有飞机从我们村庄上空经过，现在想来该是有一条航线从我们的村庄上空穿过。这些年随着大家出外打工，都见了世面，日子也有了些气象，拉近了与飞机的距离，闲暇之时也不免预测：庄子上第一个坐飞机的会是谁呢？掰着指头算了又算，就是没有算到大庆婶的头上，偏偏大庆婶成了我们庄子坐飞机的第一人。

大庆婶的儿孙没发大财的，也没做大官的，只是在城里做苦力，她能坐飞机是干儿子孝敬的。

那年大队要来知青，往哪里安顿成了问题，有人就提出老庄子。老庄子以前叫刘家寨，住了不知几代人了，不知咋的，有一年庄子上连续死了几个青年人。后来，一家窑洞塌了，五口人全捂死在里面，人们就开始外迁，陆续搬去别的庄子。我们这里缺木头，老庄子被人抛弃，自然会把树砍了当木头用。一个庄子被人抛弃，过不了几年也就墙倒院荒，被黄沙野草掩埋。人走了，阳气就撤了，阴气便盛了，庄子上人说老庄子硬气，经常闹鬼。有人说老庄子邪乎，一群娃娃么，安顿进去不太好，有人就说城里人不信鬼，不怕鬼，信则有，不信则无。于是，大家就选了几孔还没坍塌的窑洞，和泥抹了一遍，炕、锅头都打好，把知青安顿了进去。一开始知青住进老庄子时，庄子上的人都捏着一把汗，几个月过去了，却什么事也没发生。人就说看，没啥事吧？知青住进了老庄子，老庄子又活泛起来了，经常听见他们的欢歌笑语。

一下子来了这么多细皮嫩肉、俏眉俏眼的城里娃，人们都稀罕，闲得没事了就去老庄子看这些城里娃。我们当然也成了老庄子的常客。可才过了半年，人们对知青就很有意见了，他们偷鸡，偷羊，而且偷狗，连刚出月的猪娃子也弄死吃肉。要知道，我们是从不吃狗和猪娃子的，狗和猪娃子死了就埋在果树下。大家的鸡、羊、猪是不圈的，狗也不拴，他们偷起来得心应手，这祸害大了。更让人们气愤的是他们傲慢无礼，没大没小，拐弯抹角地耍笑队上人，捉弄队上人。

每年开春，队上最苦的活计就是打窖淘窖淘涝坝。涝坝是专门蓄山水的，收满一涝坝，队上的牲口能饮半年，窖里的水就能省下了。可一年下来，涝坝淤积了一人深的泥，就得淘。淘了再用胶泥垫筑一遍，因为胶泥不渗水。涝坝像个锅，驴车用不上，只能从涝坝底往沿上背。男人挖一锹淤泥有二十斤重，丢进背篼时要喊一声，提醒你躬腰鼓劲，猛地丢进背篼，会闪腰岔气。社员对知青有意见，就借这活儿出气。他们挖起一锹泥，一声不吭丢进背篼，知青被打得一个屁墩坐在地上，半天起不来，吃了暗亏，还说不出话来。

胎毛儿是知青中最小的，十四岁，一头卷发，我们就叫他胎毛儿。因为羊羔儿牛犊驴驹儿刚生下来，胎毛都是卷的。胎毛儿才十四岁，咋就当了知青？后来我才知道他在家里娘娇惯他，爹教训他，他不喜欢娘惯他，也不喜欢爹训他，实在待烦了，就把岁数报到十六岁，报名下乡了。报完名，胎毛儿没想到回家后，第一次得到了爹的夸奖，他娘哭哭啼啼地说，你真心狠，他才十四岁。他爹说，老子参加革命还不到十二岁。

给胎毛儿上泥的是老瓜头。老瓜头的娘是个药罐子，养了几十只鸡，挣个吃药钱，给知青祸祸了几回，老瓜头对知青有气，一锹泥带着气丢进背篼，胎毛儿一个屁墩坐在地上，几次站不起来，嗷嗷大哭。大庆婶赶紧过去将胎毛儿揽进怀里，给胎毛儿顺气。看到胎毛儿的衣服撕扯了几道口子，从衣襟下掏出针扎子，拔出针穿了线就缭，边缭边说，晚上把你的破衣服拿来，我给你缭缭。二狗的爷是大队贫协主席，扑过去一个砍脖子将老瓜头砍了个趔趄，说，你狗日的还是个人，他才一锹把高，和你儿子一般大小，你不怕把他的腰闪折了。

大队长给知青开过几场会，可是知青都当了耳边风。鸡羊猪狗还是丢。三个知青偷孔老二家的狗时，让孔老二他大抓住了。三个知青也不是他的对手，被一根绳子拴了扯到大队部。大队长一个一个看了一遍，恨恨地说，你们上山下乡就是来干这事的？三个知青不说话，头昂得高高的，眼里全是蔑视。不几日，马山家的年猪一条腿好生生的没了。大队决定把知青分解到各生产队去，社员干啥他们干啥，不准互相串联，发现串联就扣工分。

各小队都抢年龄大的知青，剩下胎毛儿没人要。他太小了，干活指望不上，吃喝不见得比别人省。俗语说：半大小子，吃死老子。这么大正是好吃好喝的年龄。大队长说这是革命任务，还挑三拣四的。可是没人认这话。最后决定抓阄，大庆婶说是人又不是个啥，咋能抓阄噻，传出去让人家咋说咱？二小队队长说那你领你家去噻。大庆婶说我领就我领。有人说你自己五个儿，再收一个儿？大庆婶说人多了好，毛主席说人多力量大。

老右忙拉着胎毛儿说赶紧拜干娘。大庆婶嘻嘻笑着说，咱哪敢给城里娃做干娘。老右说做得，做得，快拜了。胎毛儿扑通一声跪地就拜。大庆婶就高兴地喊大庆，把老公鸡捉来。公鸡捉来，大庆婶按到门槛上，一刀剁了鸡头，中指蘸了鸡血，在胎毛儿头上点了一点说，老右，中午一起吃。老右说一只鸡也待客呀。大庆婶说一人动口，十人口酸，你一个大男人孤家寒舍的，动个锅灶愁顺。吃饭的时候，大庆婶把鸡块不停地往胎毛儿碗里夹。老右对胎毛儿说，你能有这个干娘，是你娃一辈子的福气。大庆婶对胎毛儿比对自己的儿子疼爱，胎毛儿上厕所嫌臭，大庆婶就给点根香让他举着，时不时给他钱让他去赶集。胎毛儿胆子小，我们经常埋伏在他经过的路上装神弄鬼地吓唬他。有一回夜里看完电影，我们几个潜伏在他回来的路上吓唬他，结果让他把我们吓得掉魂。原来是大庆婶设了个局帮胎毛儿吓我们的。大庆婶把我们叫到一起，给我们一人一把核桃，一把枣子，还给我们煮了鸡蛋，说，以后带着我干儿一起耍，他是客，你们咋能祸害他，以后你们到了城里也找他耍呢么。我们就给了大庆婶面子，跟胎毛儿一起耍。他跟我们耍得很好，上树掏鸟、进园偷瓜，啥都跟我们一起干。他让我们很长知识，我们对城市最初的了解就是他带给我们的。他和我们约定，将来在北京饭店请我们吃饭。

下来是劳动锻炼的，胎毛儿要劳动。大庆婶是个善人，遇上鸡啄架狗咬仗羊打头都也拉劝，邻里两家闹事、谁家屋里淘气，大庆婶围着个围裙这家进那家出地说和，积攒下了好人缘。胎毛儿是大庆婶的干儿子，分活也都照顾，干活时你一把他一锹的就捎带把胎毛儿的活干了。到了星期天，大庆娘会对胎毛儿说，你跟他们耍去，不上工了。

知青分到各队不到一年又收拢回了老庄子。当时不知为什么，后来我才弄清楚，当时许多地方也都把知青分散到小队，分派在各家各户，结果我们县有一户人家把女知青强关在窑里让和他儿子装新（我们把入洞房称为装新），想着把生米做成熟饭。有的女知青也就认了，不认能咋？跟人装过新就算成婚了，再嫁人就是寡妇了，还能嫁个啥样的人。谁知这个女知青却是个烈性子，割腕自杀了，引起了好大的反响。县上下了文件，知青必须住在知青点。知青又回到了老庄子，胎毛儿却没回知青点，大庆婶专门找大队长说情留了下来。

胎毛儿在村里生活了五年，长得壮壮硕硕的。胎毛儿临离开的时候说，干娘，我一定报答您。大庆婶摸着胎毛儿的头说，干娘不图你啥，能给你这城里娃当回干娘，就够得很了。

大庆婶坐手扶晕手扶，坐三轮晕三轮，坐摩托晕摩托。这么说吧，只要烧油的东西，大庆婶坐啥晕啥，就是不晕驴车。那年胎毛儿开着小卧车来接大庆婶，大庆婶死活不去，她怕晕，说那么远的路还不把干娘晕死。胎毛儿说，娘，你坚持坚持，咱们去省城里坐飞机。大庆婶说地上跑的都晕得五迷三道的，那天上飞的还不晕死在上面。人都说坐小卧车不晕，领导都坐小卧车，你坐上试试，说不定你就是坐这的命哩。大庆婶还是不坐，庄子上人都坐了一遍，都说不晕，大庆婶这才勉强上了车。小卧车还没出村庄，大庆婶就晕得天旋地转，呕吐不止。大庆婶缓过气来说，干娘一辈子就是苦命，栽到蜜缸里都不甜，吃顿肉都塞得牙疼哩，我娃有心就行了。那年小川子有了飞机场，路程就近多了，胎毛儿来接干娘去坐飞机，硬把大庆婶接到飞机场，坐飞机去了北京。

大庆婶坐飞机回来的第二天，屋子里就挤满了人，仿佛麻雀窝里戳了一扁担，叽叽喳喳地那才叫个吵。“往下看人有多大？有蚂蚁大吗？”“比老鹰飞得还高？有瓦儿云那么高吗？”瓦儿云像瓦楞一样，高远，像贴在天上，那不是下雨的云。“快吗？有小卧车跑得快吗？”“一次能拉多少人？二十？五十？一百？”“有解手的地方吗？”一系列问题问得大庆婶张口结舌。大庆婶只是说：“在云上头飘着哩。”有人问：“你坐啥晕啥，飞机晕没？”大庆婶来了精神，说：“没晕，真真儿的没晕。”村里人感慨道：“真是万般皆由命，半点儿不由人，大庆婶就是坐飞机的命。啥人有啥福，啥人有啥命。”可老瓜头却不这么看，说：“福是人家一点一点积攒下来的，心善的人都能积攒下福分哩。”大家就感慨地说：“大庆婶就是个坐飞机的命，以后让你干儿领着多坐几回，大老板当着哩。”大庆婶吐吐舌头说：“可不敢，这一趟把人家娃两万块花上了。”大家咂得啧啧啧响成一片，说：“这么费钱啊？”大庆婶说：“还看了皇上住过的地方哩！”有人说那是皇宫，大家就说：“连皇帝家都去了，值哩！”大庆婶跟我娘关系好，悄悄跟我娘说：“我两天没吃东西，坐那么高级的东西再吐，让人家笑话死了。唉，最后还是吐了，那女子提个袋袋就在我旁边站着接哩，你说咱算个啥人，那么水灵的女子，条条子端直的，服侍咱，遭罪造孽的。”

后来，胎毛儿出了车祸没了，大庆娘去了一趟。回来后，人们就感叹：好的命不长。每到烧纸的时候，大庆娘都会在十字路口给胎毛儿烧纸钱和衣裳。

家口

一棵树像一把撑开的大伞，树冠碧沉沉的，树叶翻转着明媚的晨光，就像娃娃手里晃太阳的镜片。一群鸡围着一棵树低头鸽啄，树下站着一头驴，不时甩一下尾巴扫走围着的蚊蝇。一个婆婆靠墙根蹴着，怀里抱着一只猫。一只公鸡跟一只狗对峙，公鸡冠子血红，项上的毛拃开，像个脖套，一跃一扑，狗则半蹴在那里，龇牙咧嘴，发出“呜呜呜”的蔑视声。猫微眯着眼睛看着鸡狗之斗，神态颇像一位智者，不时“喵呜——”叫一声；猪站起来，下颏挂在墙头上，哼哼嗯嗯。一个脑袋上顶着一坨墨染似的头发的七八岁娃娃，拽着穿过两头牛鼻子的缰绳从圈里出来。男人咳几声，把一口痰呸在地上，鸡群立刻扑过去啄食。男人摸一把娃娃的头，从娃娃手里拉过缰绳，女人提着干粮包和水壶挂在犁轭上，男人掮犁，拽牛，走向田野。

这是一个家的凡常景象。

鸡

春日是抱（孵）鸡娃的季节。山头上还白雪如云，山底下已春气缭绕，便有母鸡开始闹窝，或占了窝，或在草摞麦垛下做一个窝，就像一个身怀六甲的女人，神情萎靡，目光慵懒地卧着，一副茶不思饭不想的模样。有母鸡闹窝，就可以抱鸡娃了。每年自打春始，娘都要抱一窝鸡娃，入夏再抱一窝，年年如是。从母鸡坐窝算起，二十天左右，鸡娃就成形了，要出来时，小鸡在壳里啄，母鸡在外面啄。鸡娃来到这个世上，像一个个毛茸茸的小球，在地上滚动。经春夏生长，至秋，鸡娃已长成大鸡了，大地之上草籽饱实，秋虫壮硕，母鸡开始下蛋，公鸡肉嘟嘟的，羽毛鲜亮，啼声嘹亮，再以瘪粮食、麸子充喂一两个月，到了腊月正月，就可以抱着浪亲戚，看病人，还人情了。

一年了，娘舅姑姨干亲家，该浪的要浪一浪，累下的人情要还一还，亲戚重的、情分厚的，抱一只鸡、两只鸡走一走。医生家每年也要抱一只鸡，一年里一家人头疼脑热的没少累害人家。娘说郎中可是要维下哩。又说记着人有三不惹，不惹先生，不惹阴阳，不惹郎中。倘若在路上遇到一个人抱着一两只鸡，那不是走亲戚浪娘家看病人，就是跟集。抱一只鸡就能赶个集。乡集上常能看到一个老汉抱一只鸡，蹴在路边吃烟。一个农家，针头线脑油盐酱醋烟酒糖茶药之类的日常用品无不由鸡而来。因此说，日子看女人，就看谁家的院里院外、屋前屋后、麦场果园，若看不到一群两群的鸡，谁家就没有会过日子的女人。

娘抱鸡娃一窝常常要抱二十八九个蛋，母亲说做事要留有余地，不能满数，逢十为满。娘抱鸡娃手气好，二十八九个蛋只有两三个瞎蛋，有的女人抱一窝鸡能出一半的瞎蛋。春婶抱了一窝鸡娃，一只鸡娃都没出来，二十几个蛋就白糟蹋了，羞得人前头都不走路。后来只要娘抱鸡娃，春婶就用衣襟兜着鸡蛋来让娘代抱。当然，她要给我家留一只鸡娃，这是有讲究的。人都说娘会挑鸡蛋，这可就神奇了，一模一样的鸡蛋怎么挑呢？像老中医那样望闻问切？娘笑着说，看把我说得神的，就是凭感觉。不仅要挑蛋，还要挑母鸡，有些母鸡闹窝却不守窝，常常乱换地方。后来我想，娘除了会凭感觉选蛋，挑母鸡，还有一点是娘对抱鸡娃的母鸡操心得好。娘会用最绒的柴草和麦衣铺垫鸡窝，一天五顿吃喝精心得很，母鸡当然安心坐窝了。娘说母鸡抱鸡娃就像女人坐月子，辛苦着哩。母鸡闹窝一闹半个月一个月，自然耽误下蛋，对不抱鸡娃的闹窝母鸡，有些人会把母鸡的翅膀和腿绑起来，扔在太阳下，只给水喝，不给喂食，这有些残忍。母亲则是每天早上给闹窝母鸡灌一勺醋，三四天母鸡就醒窝了，继续下蛋。

鸡娃出壳，娘会把蛋壳捣碎，掺进料食中喂鸡娃。娘说吃蛋壳骨硬，鸡娃长得快。现在想来是有道理的，应该算补钙。过不了几天，娘就能分清鸡娃的公母，公鸡娃要是多了，娘就叹息说命咋就这么苦嘘，抱个鸡娃也出这么多干头公鸡。可走亲戚还人情，公鸡若少了不够用，只好抱母鸡去，母鸡正下蛋，娘就更痛苦了，总会说正下蛋哩，送人就等于把蛋筐送了人，明年一定多抱几只公鸡娃出来。对娘的痛苦我颇不以为然，说公鸡养大，一只蛋都没下过，一送人不是白操心了？咋说母鸡还下过蛋，连账都不会算？娘摸一把我的头说，看我娃嘴巧的，抱母鸡还人情没抱公鸡装人么。

公鸡不下蛋，养多了不划算，一般当年就当礼物还了人情了，因此短命，多数当年就变成了小鸡炖蘑菇、小鸡炖土豆、小鸡炖萝卜、红烧鸡块等。当然家家得留一只公鸡，除了打鸣，公鸡还肩负着给母鸡踩蛋的重任。没有公鸡，母鸡照样下蛋，但这蛋抱不出小鸡来。同时公鸡还管理着鸡群，它会把自家的鸡一只不少地带回来，从不混群。而因为族群，两只公鸡的战斗，远比斗鸡场上的情形精彩，因为有母鸡们观赏。因此，一只公鸡常常带着二三十只母鸡，过着妻妾成群的生活。

老家的鸡不圈舍饲养，是放野的。鸡群不常在院落、草垛、果园里，更喜欢去山坡。家家都依山傍坡，山野阔绰，草芽草根草籽，还有各种口味的虫子，到了秋日，虫子们会从阴寒的地下钻出来，在秋阳里腆腰凹肚，晒着胖乎乎的身子，为过冬积聚着阳气，却成了鸡的一口美餐。大地为鸡准备了荤素搭配营养丰富的盛宴。因此经常见一只公鸡趾高气昂地走着，母鸡前后左右簇拥着，就像王的出行。公鸡捉到一只虫子，会用嘴尖摆弄着虫子，咕咕咕地叫着示恩，母鸡争先恐后地扑过来，为一只虫子争相啄鸽，羽毛纷飞。事实上草坡上虫子很多，但这意义不同，这是王的赏赐，这是争宠。

这是一种让男人羡慕的生活，男人们就会骂声看把你狗日的贱得，会抓土块打公鸡，倘若靠得近，会用一树枝故意去斗公鸡。公鸡生性好斗，受到攻击，脖子上的毛立刻孔雀开屏似的拃开，像围上了一条围脖，扇着翅膀扑啄那胡墼，那树枝，母鸡们则咯咯咯地叫着跳着，为自己的王助威加油。数个回合后，公鸡不屑斗了，携妇将雏走了，到了山坡，立于高岩，引颈长啼，声动旷野，气壮山河。

当然，一只公鸡最多活三年，就被一只小公鸡替代，在交替的时日里，它们啄鸽搏斗持续数日。羽翼丰满的小公鸡，充血的鸡冠坚挺如峰，泛着红宝石般鲜艳的色泽，老公鸡的冠子则耷拉着，紫中泛黑，被啄烂后流出黑紫的血。老公鸡被斗败了，就成了人们桌上的一口菜。

“鸡栖于埘，日之夕矣，羊牛下来”“半卧方入梦，村外又鸣鸡”“莫笑农家腊酒浑，丰年留客足鸡豚”“故人具鸡黍，邀我至田家”“鹅豕鸡栖稻粱肥，山村水阁酒旗风”，鸡无疑是第一家禽。

猪

“娃娃娃娃你莫哭，过了小年出年猪”“娃娃娃娃你莫馋，过了腊八就是年”，猪总是与年节联系在一起，因此叫年猪。腊月二十三是小年，小年一过，就开始杀猪了，年代表着喜庆，说“杀”不吉利，庄子上人说“出”。年猪要“出”的头两三天就不能喂食了，倒肚翻肠时肠肚容易破烂，屎尿糊了肉案，那可就龌龊了。因此，两三天不喂食，猪就知道自己的命尽了，会疯狂地拱圈嘶叫，嘶叫声在庄子上空回荡，惨烈哀痛，凄神寒骨。年就在猪此起彼伏的叫声里轰隆隆地来了。“出”年猪虽然洋溢着年的喜庆，但毕竟是血腥的，不能在院内进行，而在院外的场畔选择一块空地，垒一台大灶，架一口大锅，摆一张大案，挑水、劈柴、架火，谁家“出”年猪一目了然。

庄子上没有专门的屠夫，平日里杀鸡宰羊的事常有，而且人们说猪天生就是老天爷给人的一口菜，也是神喜欢的供品，自古猪就是祭祀时三牲之一，但凡节气都要敬祖奉神，猪肉是祭祀供奉中的上品，俗话就有背上猪头认不得庙门之说，像“出”年猪时要招呼大家吃一顿，肉菜出锅第一勺是先要供灶神的。“釜粥芬香饷邻父，阑猪丰腊祭家神”“社日取社猪，燔炙香满村”。老秀才还念过这样的诗句，那么宰杀就不算害命，心里也就没有障碍，男人中能宰猪的不少。男人们杀猪开膛，剁骨剔肉，翻肠倒肚是女人的事。倒肚不难，翻肠就不容易了，肠又细又薄，当然不能剁成段去洗，因为还要灌血肠，需将肠子从里向外翻，洗起来容易也更加干净。翻肠是将肠头扎住，捣翻一截，然后以热水灌之，肠子就像一条扭动的蛇，随着水翻了过来。这需要手艺，最显一个女人的细腻与能耐。倘若肠子烂了，屎糊了肉案，那是要遭人耻笑的。

“出”年猪带给娃娃的喜悦是无穷的。除标志着年要到了之外，解馋是肯定的了。猪肉要细水长流地解一年的馋，是不能放开吃的。将猪肉切成四方锭，一层肉一层盐，用油灌溉，腌一大缸，五黄六月也是不坏的。猪头猪蹄也要挂到二月二应节气，可是猪血、猪肠、猪肚、猪心、猪肝、猪肺这些都是放不住的，因此饭菜的油水就大了。“出”年猪到整个正月，女人们生着方方做着吃，手艺就显出来了，因此说腊月是女人的。

吃猪血最能展示女人的手艺。猪血的吃法有多种：一种是吃血块。在猪血里拌好调料、葱花、盐、酱油和荞面，等凝成块后入锅，加温水，文火慢煮，火候一定要稳，火猛了猪血起泡像蜂窝，很不受看；火弱了一夹就烂碎，成了糊糊。猪血也没多余的，就像药引子，主要是和土豆与干菜烩炖。一种是将血与荞面搅和吃摊饼。一种是以血和面，炒萝卜丁臊子，吃血面。这几种都是懒人的吃法，费血。最省血的是吃血肠，也是我们最爱的吃法。吃血肠从接血时就要准备，先在接血的盆里盛点凉水，撒上盐，拌入调料、葱花、荞面、黄豆，不停搅动，为的是不让猪血凝块。待肠子翻过洗净，在猪血中汇入化好的串串油和炖肉的老汤，然后灌入肠内。通常，一只猪的血能灌满一只猪的肠。血肠灌好后，用麻匹将肠分段扎紧，放进笼里用文火蒸，边蒸边用签子扎洞放气，等到不出血水了，血肠就蒸好了，然后捆扎起来，挂在窑顶的横旦上，一是通风透气，不容易坏，一是四面悬空，取时需要梯子，不要说老鼠，就是猫也只能望肠兴叹。血肠是最能放的，可以放到二月。血肠干煸后，与萝卜、洋芋、干菜、粉条、豆腐一起烩、炒、煮、炖，血肠油大，一截就能做出一道荤菜，是正月里待客不可或缺的一道菜。

出年猪我们还有一个期待，就是猪尿脬，那是我们的气球，要知道那时候我们那里是没气球的。一般情况下，谁家的猪，猪尿脬就归谁，但有的宰手偏偏要我们摔跤去争，谁厉害猪尿脬就奖给谁。那可是真正的争霸赛，要得到猪尿脬得摔败庄子跟你同年龄的娃娃。猪尿脬到手，挤干猪尿，用热水洗净，再弄一堆细沙土，在土上边揉边吹，尽量吹到最大，扎了口。我们会在尿脬上画鹰、虎、豹、狼之类。女娃是不要尿脬的，除了不好意思，据说是耍了尿脬长大腌的菜臭，嫁了男人会挨揍。但杀猪女娃也有期待，她们盯的是猪鬃猪毛。猪鬃猪毛可以从货郎那里换红头绳、丝线、绣花针。

“种地吃肚子，养羊穿裤子。”“喂羊挣钱，喂猪过年。”老家十年九旱，种地有时候连肚子都吃不饱，主要经济来源是养羊。会过日子的不会过日子的，家家都会喂一头猪。每年“出”

年猪时，小猪娃也捉下了，恶水（泔水）、嫩草、谷衣、麸、糠、瘪粮食喂个年对年，能长个二百来斤，年景好点，多搭点五谷料食，就过了三百斤，能腌一大缸肉。喂猪是女人的事，一头年猪能“出”多少肉，显摆的可是女人的本事。日子过得紧的人家，“出”年猪后只留半扇或几吊肉，其余的就卖了，或以物易物，以换所需。

小时候，放学和周末最主要的活计是砍草，主要是喂猪喂羊，这是家里的主要副业。羊还可以赶出去放，只给准备夜草，猪可是全靠喂的。后来割资本主义尾巴，羊不让多养，养猪倒不受限制，因为毛主席有号召，一亩田一口猪，大力发展养猪事业，养猪就成了主要的副业。一般人家都喂着三四头猪，两头母猪，一两头年猪。喂母猪主要是卖猪娃子，母猪三年下五窝，每窝正常的可下十个左右的猪娃，也有一窝下十六七个的情况，不过最多能活十一二个，因为母猪只有十二个奶头。猪很奇怪，猪娃下下后，第一口吃哪个奶头就记下了，从不乱吃，抢不上奶头的就饿死了。夏秋时节，喂猪主要靠草。猪不像羊牲口吃大草，猪吃小草，要嫩，带穗的最好，带穗的嫩草只能到羊牲口到不了的地方去找，因此，放学后给猪找草就是娃娃们的一门“功课”了。猪娃子喂到出月，便拉到集上去卖，贴补家用。猪粪也是一宝，农家肥中肥力最大的是人粪，其次是猪粪、鸡粪。猪能吃能拉，比一头大牲口还能拉，简直就是造粪的机器。猪粪全上了自留地，因此自留地的庄稼总比生产队的庄稼长得好。到老历九十月间，庄稼打碾了，喂猪就搭以衣子和瘪粮食，叫催膘。

庄子上的养猪大户是老陈家，他家养四头母猪。老陈家人都长寿，老陈都五十多了，爷爷奶奶还都在世。人老了就成药罐子了，爷奶加上父母四个老人吃药就靠卖猪娃子的收入。四头母猪加上几十个猪娃，他家可是臭气熏天，而且连村子都被污染了。人们都骂老陈，老陈一家就从庄子上搬出去，找了一座孤僻山头另拾掇了庄院。四头母猪轮流下猪娃，因此经常看到老陈赶着驴驮着猪娃子赶集。

那时候起初是三天一集，后来改为五天一集，再后来成了十天一集，老陈卖猪就出了问题，一集卖不掉，就得再喂十天。猪娃一出月就特别能吃，而母猪奶着猪娃更能吃，夏秋季有草搭垫，春冬季就得靠衣子搭麸糠瘪粮食去喂。大集体时代，一切都是按工分分配，衣子、麸、糠、瘪粮食远远不够，饲料供给严重不足。

有一个集上，夕阳西沉，眼看集要罢了，老陈看着七八个猪娃发愁。卖背篼的老万过来，问他猪娃换不换背篼。老万的背篼也卖不掉。那时候谁能有多少钱，集市上以物易物的交易是很普遍的。老陈就想和老万换些背篼回去到村子再卖背篼，背篼是劳动、家务离不开的用物，该有人要，于是就换了些背篼。一回到庄子就卖出去了几个，没几天背篼连换带卖就完了。这倒开了老陈的思路，从此老陈到集上猪娃子能卖就卖，卖不掉就倒换。老陈换过杂粮（那时候粮食禁止买卖，不过豌豆、黄豆、土豆之类的杂粮是可以买卖的）、菜籽、刀、铲、锅、筷子、镰刀、铁锹、杈、鞋、旱烟等，他还跟赤脚医生换过药，老陈像个小商贩了，除了集市，他还在周边的庄子里奔波。

那年秋天的一个集上，老陈正用猪娃和人倒换，就被抓走了，一同抓走的还有老万等好几个人，罪名便是投机倒把。老陈和老万等被押到“农业学大寨”工地去改造了。老陈老婆哭着给人说，我男人拾上的东西都要寻着（找着）给人家送去的，谁冤枉我男人，一家人不得好死哩。村子里人也都说老陈是个憨厚人啊，他这可是真正给冤着了。

时光像一条河，总是往前流动，几年老陈的两个儿子都成了养猪户，一个在县城和人合干，一个把猪圈建到了镇上，听说日子都过得不错。

狗

“挡狗来，挡狗来”，这是进入老家的庄子你随时要喊出口的话。许多人都是爬上墙头，或站在崖头上，才放开嗓门喊：“挡狗来。”狗总是比人先出来。一只狗把住村巷，你休想轻易进去，可别耍大胆，若没有人出来挡狗，一只狗就是一个威风八面的门神，你想走进一家是没门的。“家狗，家狗，家里一口。”老家家家都养狗，有的人家还不止一只，而且从来不拴的，一只狗叫起来那就是吹响了集结号，所有的狗都聚拢来，将你团团围住，像打一场歼灭战似的。在村庄里，狗威风八面。在城里，我经常看到那些人牵着的狗，它们见到人没有任何反应，就在草地上溜达溜达，像人锻炼一样，然后便给人牵回去了。看着它们，我就想它们过过狗的生活吗？

在一个庄子上，狗是有组织的，狗群以村庄为核心，也有头儿，那是通过单挑、与两三条一母同胞的狗兄弟厮咬对决出来的。狗的决战不在村庄里进行，而是在阔人的原野，这是为了避免人的参与干扰。因此在原野你经常能看到两群狗厮咬的场景，甚是壮观。一场决战下来，胜利者会通过对失败者穷追猛咬和嘹亮的叫声以彰显威势，其他的狗就会听命，然后便一致对外了。

狗不嫌家贫，这是真理。狗一旦进入一个家，就再不会朝三暮四，即使你因什么事生气把它当成受气包打了，它也不会离家出走。城里经常发生被自家的狗咬的事，乡下的狗是从不咬自家人的。许多人以为狗就是看门，其实狗会帮你做许多事，拦羊，免去你的追撵之苦。那时候山中野东西很多，除了兔、獾、黄鼠狼这类的小兽，狐狸、野猪、狼，甚至是豹子也是有的，都会伤人，发生过狗为救家人勇战狼、野猪因此送命的事。狗还会给你挡狗，当你受到别人家的狗威胁时，只要你家的狗在身边，狗就扑上去。狗还知道维护一家人的尊严，你和人家骂仗，人家的狗也对着你吠，甚至扑过来咬你。狗喜人归迎野路，你出门归来，狗远远地翻山过沟去迎你，亲热得几乎将你扑倒。

传说中二郎神的哮天犬是一只辟邪镇妖的神兽。妖魔鬼怪最怕的是被狗血喷头，施耐庵在《水浒传》五十三回就写道："马知府道：'必然是个妖人！'教去取些法物来。牢子、节级将李逵捆翻，驱下厅前草地里。一个虞候掇一盆狗血，头一淋……"夜晚有事出门，带上狗出门，就像一个人陪伴你。而你倘若暗夜行路，听到狗叫，遇狗挡道，那就像是点亮了一盏神灯，壮胆稳神。

狗与人之间的感情，是这世间最纯真的感情，狗会为人流泪，为人守灵。村里的老蔡是个五保户，死后他的狗就趴在他的身边流着泪守护着，不让其他的狗接近。人们说这狗是为老蔡守灵哩。这是我亲历的。我读过一篇小说，写一只狗和主人的故事，作品的背景是三年经济困难时期，把饥饿中人与狗的感情写得很到位。可这位老兄犯了一个常识性错误，为凄惨的故事安了一个很不好的结尾，说主人死了，狗疯狂地撞棺材，是饿急了要打碎棺材，要吃主人的肉。那几年农村实行撤点并校，我去老家一所学校，校门外趴着十多只狗，同行的人不明白为什么校园门口会有这么多狗，有人开玩笑说狗也上课哩。我知道那是走远路上学的孩子家的狗，撤点并校后有的孩子家离学校十几里路程，翻山越沟的，就带着狗上学，狗就是孩子忠实的保镖。狗对人的忠诚毋庸置疑。

狗是有恩于人的。这是村里人惯常的说法，有两则传说，一则是说到了阴间，人在阳世上糟蹋的五谷粮食都会变成蛆虫，爬满你的必经之路阻挠你过去，你只有将蛆虫一条一条吃下去方能过关，而猫就守候在路边监视你吃，狗会及时扑过来赶走猫，替你吞了那些蛆虫。因此老家人说狗是忠臣，猫是奸臣。一则是说自盘古开天辟地以来，这个世界是米山面岭、油缸醋井，人类过着不劳而获的神仙般的生活。可人不仅懒惰，且不知珍惜，一天有妇人竟随手从和好的面团上撕下一疙瘩给孩子擦屁股，被土地神报告给玉帝，玉帝大怒，派天兵天将下来收回所有的五谷粮食，将人活活饿死。天兵天将下来收五谷粮食时，狗就扑上去讨吃的，天兵天将就各样粮食给狗施舍了一点，这就是后来人们种植的各种粮食的种子，人们吃的是狗的口粮。现在想来，这两则传说除了讲狗之于人的恩情外，还有劝化人类要珍惜粮食的作用。

当然，狗咬人的事也是经常发生的。庄子上谁没有被狗咬过呢？咬了就咬了，没人找后账索赔，也没人打狂犬疫苗，没见谁得什么狂犬病。尽管时常被狗围追堵撵，逼得人像猫上树爬墙，但人对狗并不记仇，因为狗天生就是看门的。

我小时候给狗咬过一回，屁股上被撕去一块，四个牙印至今清晰。据说伤口没见血，全是黄油，因为我小时候很胖，从此人们就叫我油葫芦。我当然是受了惊吓，那得招魂。父亲抱着我一路叫唤，母亲提着一只公鸡时时应答，从被咬的地方一直叫回来，公鸡被按在门槛上剁掉了头。母亲拔着鸡毛对我说，以后记住，出声的狗不下口，下口的狗不出声。意思是狗对着你叫，那狗不下口，不对着你叫的狗，那就要当心。我牢牢记着，遇见狗倘若对着我叫，就是遇到了好狗，倘若不对着我叫，就是遇到了恶狗。直到多年后我再次被狗咬了，我才发现经验其实很害人。

红军长征胜利 70 周年，那年我还在做记者，我去五更山采访。1935 年红军长征曾经过这一带，五更山住过红军将领，流传着许多故事。我到五更山时，正是正午，骄阳似火。路边的糜谷叶子都卷得像屋顶的雨槽一样纷纷垂着，泛着灰白的色泽，那是一个旱年。村子静静的，连鸡鸣狗吠都听不到。正午，人在歇晌，狗也歇晌了，我暗喜。可到了村口，与一只狗狭路相逢，狗卧在一堵墙下的阴凉处，吐着猩红的舌头哈气。正在我犹豫之时，它眯着眼冲我叫了两声，我当下心里实落了，它不是那种非得让我留下买路肉不可的狗。我冲着它友好地笑笑，试探着往前走，它又叫了两声，目光里有走你的，我不会对你下口的意思。可当我经过它的时候，它忽然就扑了上来。好在我手里提着根棍子，身手也还算敏捷，躲过了它的偷袭。狗扑了个空并不走开，堵在路上冲我又扑又叫。它的叫声立刻召唤来好几只狗，虎视眈眈地盯着我，有的还一扑一扑的，那阵势挺唬人的。虽然我手里提着棍子，但也不敢妄动。一只狗拿我没办法，一群狗我拿它们没办法。我点了根烟与他们对峙着，叫着“挡狗来，挡狗来”等人出来，并给它们拍了许多照片。

好一会儿，才有一个女人出来，打着哈欠，挥着树枝骂着把狗驱散了。女人说，喝水吗？行走在西海固山里，进村遇上人他们问的第一句话都是，喝水吗？我确实渴了，说喝。跟女人往院子里去，一只狗看来是她家的，一直尾随着我叫，女人端出一碗水，狗越扑越凶，女人呵斥追打，它就转着我，我就有些怵，女人一跨腿把狗夹在腿间。我说，这狗挺凶的，也不拴着点？女人说，以前也不这么凶，现在人都走光了，它见个生人稀欠嚓。

我猛喝两口，水很冰，激得我一个嗝接一个嗝打。女人笑着说，刚从窖里打上来的，你慢点喝。忽然窑门里扑出一只黑猫，好黑，就像一个影子，狗立刻扑过去，可那猫极敏捷，三跃两蹦便上了墙头，又一跃上了树，蹲在树上。狗往树上扑，爪子抓得树皮刺啦刺啦，猫龇牙咧嘴“呜哇呜哇”，不似恐吓，却像嘲笑。狗上不了树就在树下一蹦一跃“汪汪汪”大叫。女人嘻嘻一笑说，看把你能的，你要上了树，还不气得老虎上吊？我说，老虎咋还就上吊了？女人说猫是老虎的师傅，猫把所有的本事都给老虎教了，就把上树这一手留下了，要不这世上就没猫了，早让老虎吃光了。我笑着说，没进城打工？女人说开春应时应节地下了几场雨，想着旱了几年了，该给一年好收成了，谁知老天爷把人谎下了，一把薄庄稼把人绊住了，不是的话也在城里哩。我说，家里你当家吧？女人嘻嘻一笑说，有男人呢么，我会当个啥家。我说，那你是个有福的人，啥心都不操的人福大哩。女人说，这话对着哩，富家还有个当头，穷家寒舍的么当头啥。

从院子里出来时，我还看了看狗，它依然在与猫对峙着。可走出不远，我就被它咬了，咬得很结实。谁知道它啥时候尾随我出来的。女人撵来说，你看这咋好么。说着抹起我的裤腿，抓了土就往上揉。我说没事，没事。女人说，这狗黏得很，咬羊皮贩子没咬上，在心里记着，总要咬上一口。我说，我长得像羊皮贩子？她咯咯一笑说不像。又转过去骂狗，瞎实了，连干部都认不得。

回家和娘说起来，娘说，世道变了，狗也变了。又说，你要记着，狗只要对你下过一次口咬空了，肯定要得机会咬你，总得咬你一口。下口的狗都难缠哩。我说，狗也好面子哩，没咬上觉得丢人。

在山村，一个人走在山梁沟壑间，后面或前面有只狗，这是凡常景象，也被影视剧广泛运用。现在，这种景象愈发常见了，随着农民进城，村上只有老人与狗了。

猫

猫是家里一口人，奶奶如是说。多少年后我读到陆游写猫的诗句“前生旧童子，伴我老山村”，倍感亲切。

在老家，猫和狗一样，除了担负着镇鼠的日常家务外，就是人生活中的一个伴儿。走在庄子里，你会经常看见抱着猫的老人和后面跟着猫的娃娃。人们给猫取名字和给娃娃取名一样，也取富贵、来福、阿宝、小虎、毛蛋、小白、小黑之类的。猫会记住自己的名字，你唤一声，它就偏着头看你，“喵呜——”应答一声。你一伸手，它一跃就到了你怀里。它极善和人玩乐，舔你的鼻尖手指，用小爪子拍打你的手，锋利的爪子绝对不会伤到你（除非你虐待它）。我们打下麻雀、老鼠，常绑在猫尾巴的根部，为了抓到麻雀、老鼠，它疯狂地转圈，左转一阵，右转一阵。而它自己捕捉到麻雀、老鼠，不会立刻吃掉，会玩，麻雀和老鼠的魂就像给它吸了，苶呆呆的，是逃不脱猫的掌控的。

猫很怕冷，总是蜷成一团卧在被摞上、火盆旁、炕上最热的地方，夏日也是这样。猫天生就会打咕噜，不停的咕噜声像阴阳念经，因此大人指派娃娃去干重一点的活计，总会有人说你这是指猫念经，指屁吹灯。

因为猫总是蜷着身子像个绒球卧于某处，眯着眼睛打呼，所以给不养猫的人留下好吃懒做的印象。其实它的工作极其隐蔽，准确地说它像一个特工，一个地下工作者，家里有猫，老鼠匿迹。而更多的时候猫都是自己打食，在家里也就吃点剩菜残羹，啃啃骨头。猫是极善捕捉的，老鼠、黄鼠，甚至野兔之类的小兽常常能捉到，连麻雀、鸽子之类的飞禽也常捕到。猫是绝对的潜伏高手，隐蔽在洞穴、墙旮旯、树枝间、草垛里，会像箭一样射向猎物，成功率可达百分之八十。在外面美餐后，它依然回家来，再穷的人家，都能看到猫，它和狗一样忠诚于一个家。

猫还是吉祥的象征。在老家的枕顶、枕巾、苫巾、鞋垫、烟袋上，刺绣最常见的图案是“耄耋富贵”——由猫、蝴蝶、牡丹组成。《礼记》中说：“七十曰耄，八十曰耋，百年曰期颐。”因为“猫”“蝶”与“耄”“耋”谐音，而牡丹乃“花之富贵者也”，“耄耋富贵”寓有长寿、富贵的祝福。俏皮点的图案如猫扑蝴蝶、猫卧花丛、猫鼠同眠等。

猫是性灵之物，早晨它要是洗脸，家里肯定会来人。猫洗脸是轮换着舔两只爪子，轮换着在脸上搓洗，很认真的。记得有一天，猫一大早就蹲在那里洗脸，娘念叨说今儿不知来谁呢。娘捞了方腌肉切成肉丁，又切了洋芋疙瘩，做了臊子面。到了晌午，却来了个讨吃。娘盛了一碗臊子面，骂趴在锅台上的猫，来个讨吃，你也一遍一遍地洗脸哩。娘把碗递给讨吃，讨吃给娘道谢，说了好些吉利话。娘也话多起来，两人就像多年不见的老熟人拉起家常，娘说，这碗饭是猫给你争来的哩，它洗了一个早上的脸哩。讨吃临走娘又给了一个馍。

猫很爱干净，从来不在家里拉屎撒尿，在外面拉屎撒尿也要用土埋起来。倘若它把屎尿拉撒在家里而且不埋起来，就说明它老了，走到了生命的尽头。猫老了死在家里是很不吉利的，这猫也知道，因此快死的时候它就会离家出走，死在外面。从我记事起，家里养的猫没有一只死在家里。因此人们不说猫死了，而说猫没了。

那年家里的猫没了。猫没了，老鼠就造反了，它敢把屎拉在米缸、面柜、锅碗盆罐里。娘说去你姨家抱只猫来。我就去姨家抱回一只猫。这是一只花猫，卧在炕上就像一团花布，黑白相间，你盯着它看觉得它是黑底白花，再盯着它看，又觉得是白底黑花。娘说给取个名儿，我就取了小虎。娘说头上连个王字都没有，叫小虎？我说，它身上有虎纹哩，再说你不说猫是老虎的师傅么。叫了几天，它就知道自己叫小虎了，你叫声小虎，它睨你一眼，“喵呜”一声。我说小虎，走。它就跳下来跟着我走。

我上高二那年，小虎已经很老了，在家拉屎有两个月了吧，还待在家里，而且越拉越不像话了，有一回竟然拉在了饭桌上。开学的第二个星期天，我去学校时，娘说：“你把小虎带出去扔了吧，它老糊涂了，忘了自己的生死了。”

对老糊涂到忘了自己生死的猫，村子里人都是这样处理的。

娘说着就找了一个羊毛织成的口袋，将小虎装了进去。

我说：“就这样把它扔了吗？”

娘说：“它迟早得走这步路。”

这是多么残忍的事，我说：“我不做这事，这么冷的天，把它扔了它会冷死的。”

娘说：“这不是作孽，没人管了天就会收了它，它就会投胎转世，这是它的命。”

父亲说：“磨蹭啥，难道为了一只猫，让我再跑上一回？”

在自行车后架上捎好，娘说：“快到预旺的时候再扔，扔得近了它能找回来。”

我说：“它老糊涂了还记得路？”

娘说：“猫的记性比人好，再糊涂也记得回家的路。”

我骑着自行车捎着小虎就上路了。开始小虎还会叫上一声，后来就不叫了。到了离预旺很近的一个山梁上，我把口袋解开，小虎竟然睡得呼呼的。看着小虎，我心里好痛，寒风凛冽，到处是皑皑积雪，虽然已打春，可天气比冬天还冷，把它就这样扔在一个寥天地里，它该怎么办呢？我想，把它再往前捎一捎吧，经过村庄时再扔，或许它会在另一个人家活上一段日子。

穿过一个村子，我把口袋解开，将小虎提了出来。小虎偏着头看我，对着我“喵呜——喵呜——”地叫，爪子抠住我的裤子往我的怀里攀爬。我抱起来摸了摸它，把它放在地上，它就像一个孩子偏着头看我，冲我“喵呜——喵呜——”叫，我怕听它那样的叫，怕看它那样的目光，慌乱地从包里掏出一个干粮馍，扔在它跟前，一跨腿翻身上车飞速蹬着车逃遁而去。我狂蹬着自行车一口气骑出老远，回头看到小虎追着我。我就拼命地蹬着往前直冲，好在到了一段下坡路，车子就很快。跑出了好一段路，我回头看时，小虎不见了。我哭了，寒风把泪水冻凝在我的脸上。

到了学校，我一直心神不宁，总是想到那只猫。上晚自习了，我无法静下心来，不时看看窗外，我希望小虎忽然出现在窗台门口，“喵呜——喵呜——”地叫起来，可是没有，望着窗外，我心里空落落的。整整一个星期，我眼前总是浮现着它偏着头看我时的神态和抓着我的裤子向我怀里攀爬的情景。

这个星期是那么长，我有些急不可待，我想或许我会在回家的路上见到小虎，要是见到它，我就把它捎回去。好不容易挨到了星期六，那时候星期六还要上半天的课。我连午饭都没吃就上路了。我一路走一路望，希望能看到它，可是没有见到它的面。到了那个村子，我下了自行车推着走，左顾右盼，依然没有它的身影。我想，小虎会不会就在一个星期内，饥寒交迫死掉呢？我在梁上坐了许久。

回到村子，远远的我就看见小虎偎在父亲腿边在大门口蹲着，一进院门，它就扑了过来，又是那样“喵呜——喵呜——”叫着，偏着头看我，抠着我的裤子往我怀里攀爬。我抱起它，泪水打在它的脑袋上，它伸着小舌头舔着。我拉起它的爪子看看，它的爪子都磨烂结痂了，就像枯萎发黑的梅花。

娘说，它前天回来的，你扔得太近了。

至少有四十里的山路，寒风吹彻，小虎该是一刻没停地赶回来的。小虎是怎么找到回家的路的？狗上远路走一段路会撒一泡尿，回家时闻着自己的尿味走回来，可是它呢，它靠什么？它被装在厚厚的羊毛编织的口袋里，而一路上要经过多少个村庄，每一条狗对它都是一种威胁，何况那时的田野沟谷里还有狐狸、黄鼠狼、土行孙（穿山甲），甚至是狼、豹子，但它回来了。

从那个时候，我就不敢小看我身边的任何一种小动物了。

晚上，娘抱着猫说：“猫啊狗啊比人忠诚，要是人，你这样待他，他一辈子就不会回来了。”

我怕娘又要我把它捎出去扔了，就说：“我再也不做这样的事了。”

娘笑着说：“瓜子，哪能那么残忍，扔一次它找回来，就再不能扔了，再扔就是造孽了，说明它还不到死的年龄。”

小虎在家里又生活了一年，忽然有一天它不见了，一个月不见，两个月不见，娘说：“它死在外面了，唉，猫比人懂事。”

随着日月流逝，其他猫我都淡忘得差不多了，连名字也记不起了。但小虎成为我一生的记忆，我时不时想起它，眼前浮现出它偏着头看人的姿态和神情。

都说猫和狗天生就是冤家，猫确实和狗经常斗，猫经常被狗追上了树，而狗脸也经常被猫抓得血迹斑斑，但它们和平相处的时日还很多的，猫被别人家的狗围住了，自家的狗会搭救，这也是常见的景象。《耳食录》中讲了这样一个故事：“康熙中，大兴县某媪家奉佛，佛前悬一灯。一日薄暮，闻佛舍小语。隙而窥之，见黄犬人立，以前两足承白猫；猫亦人立，盗饮佛灯油，猫吸油，转注犬口中，复吸之。稍缓，犬促之曰：‘速饮速饮，人且至。’细视猫、犬，皆家所蓄也。媪惊，推门入，猫、犬皆奔出，索之杳然。越翌日，夜中，闻庭中有声，密起察之，复见猫乘犬背，犬彳亍而行。叱之，立隐。夜梦一黄衣男子，一白衣女子，来谓曰：‘寄主人庑下久矣，豢养之恩，未知所报，顾形迹已彰，不可留矣。’乃相向再拜，卧地转身，忽成猫、犬；猫跃登犬背，骑之而去。”猫和狗合作偷灯油吃，被主人发现，主人训斥，夜做一梦，一黄衣男子和一白衣女子来对老奶奶说：“我们在您家住了很久了，您对我们的豢养之恩还未来得及报答，现在您已经发现了我们的秘密，我们就不能再留在您家里了。”说完男子和女子向老奶奶跪下拜了又拜，一转身就变成了猫和狗，猫骑在狗背上走了。

猫狗寿命差不多，对一个家都很忠诚，它们在一个家生活十几二十年，怎么能没有感情？这个故事是有着生活基础的。

羊

一般成功人士，如果出生农村，都喜欢说自己曾是放羊娃，尤其是在官场，会把放羊的经历作为一种招牌，因为放羊娃总是与家境贫寒相关，这样就更能彰显他的与众不同。倘若还挣扎在贫困线上或者在创业阶段，是绝对不会说自己是放羊娃的，你知道他的底细，要是说破了，他会非常不高兴，甚至跟你翻脸，仿佛那就是耍笑他。但是，如果你出生于农村，尤其是西北农村，必然曾是一个放羊娃，你承认不承认这都是事实。

在老家，养羊是经济支柱，家里有羊，心里不慌，遇个灾呀难呀的，拉只羊卖了救急，坎儿就能过去。因此日子过得严捂的家庭，必然有一群羊。放羊、卖钱、盖房子、娶媳妇、生娃、放羊、卖钱、盖房子、娶媳妇、生娃，这个轮回的故事曾一度让放羊娃成为人人同情的对象，然而当人们同情的热度降温，这个故事却变成了段子。曾几何时，那是老家一带人们普遍的生活规律。

我小时候，还是大集体时代，羊不让多养，按人口给指标，超了指标就要给没收归公，所以家家都养母羊，母羊下羔，羊羔出月就可以卖掉，不占指标，一只母羊三年五羔，七八口之家，养七八只母羊，很救济日子的。羊太少，养个羝羊或骚胡（羝羊是绵公羊，骚胡是山公羊）不划算，还占指标，母羊走羔（发情）的时候就趁夜赶到生产队羊群里打羔（配种），我们叫混羔。有一次来了工作队，把这事拿到会上说，说是社员占集体的便宜。因为指标限制，一家一户养的羊不凑放，就想了个法子，十来户人家把羊朋成一群，轮流放牧。大人要挣工分，放羊就是娃娃的事。十一二岁就可以放羊了。那时候学校假少，除了寒暑假，每个星期只有星期天放一天假（星期六上课半天），多数情况下我们放羊占的是上学时间，轮到谁家出人放羊，谁就不去学校上课了。老师都是民办老师，靠工分吃饭，女人在队上劳动，有病了浪娘家了，他们就会回去顶工，工分就是口粮么，家里还有自留地，因此老师说不来就不来了，说走就走了，也常常轮流旷课。反正就那么几本书，课程不重，啥课落下了，到学期末一节当两节上，到放假时都能上完，上不完也没关系，反正没人监督。老师还带我们去他家干活，家长背后也骂，你家有活，我们家没活？我们娃是你家的长工？但也都是背后骂骂，当面还是挺客气的，人家是先生么。老家人说人一辈子有“三不惹”，不惹先生，不惹阴阳，不惹郎中。因此学生不来上课，即使在外野去了，老师也是不管不问的。那时候人们也不指望靠念书改变什么，因为上大学不是考，而是推荐。自从推荐上大学以来，我们大队没有推荐出去一个上大学的。

暑假，豆、麦陆续黄熟，由于天气暴晒，常会下暴雨，而暴雨常伴有冷子（冰雹），乒乓球大的、鸡蛋大的，一场冷子把庄稼全砸进地里，一年的苦就白下了，所以叫虎口夺粮。麦黄豆黄，绣女下炕，没有一双手是多余的。生产队有四群羊，暑假就派我们轮流放羊，这样我们一天也能挣到一个女劳力的工分。

太阳一竿子高赶羊出山，早晨草上有露水，有霜，羊吃了会生病，会胀死。古诗文中写羊的不少，我觉得陆游是懂羊的，他写过一首《牧羊歌》：“牧羊忌太早，太早羊辄伤。一羊病尚可，举群无全羊。”赶羊出山前，先进圈把羊轰起来，赶着羊在圈里跑，因为羊站起来的第一件事是拉屎，这样就避免羊把粪拉到路上。羊圈的粪是轮着扫的，谁放羊谁家扫。烧锅、煨炕、上地，羊粪可是好东西。

羊群出了圈门，直到黄昏才归圈，即使到了伏天里，中午也是不回来的。因为羊是反刍动物，吃一阵，反刍一阵，然后又吃，一天都在吃草，而人与羊谋的是肉谋的是皮。一年三百六十五天，放羊风雨无阻，即使逢年过节，生产队社员放假，羊把式也得赶羊出山。到了山野，那可真是天似穹庐，笼罩四野，暮春至仲秋，大日头无遮无拦地照着你，你钻都没处钻，即使有个避处，也无法栖身，你得跟着羊走。深秋至初春，寒风吹彻，沙尘如雨，又多雪，一个老羊皮袄二三十斤重，压得你爬山都喘不过气来。母羊会把羔产在山野，你得裹着抱回来，要是羊羔死了，你家得赔偿。还有暴风雨，还有暴风雪，还有沙尘暴。你得懂天气。看到天空起了生云，棉絮一样堆起，就得赶紧把羊赶到避风避雨的崖下沟洞里，离家近就得往圈里赶。要是等到打雷闪电再赶，那就迟了。暴风雨来临，羊不像人和其他牲口会狂奔找地方躲避，羊是扎攒子，头对头扎成一堆迎受着暴风雨。这是不行的，羊被暴雨浇过会生病。何况暴风雨中时常会形成通天柱（龙旋风），能把羊卷走。暴风雪都伴有犀利的西北风，羊一身厚厚的毛，在风中走起来极缓慢。一旦下了大雪，羊腿没于雪中，就像人陷于泥潭，行动非常艰难。被大雪封在大山深处，就有罪受了，大人找来不但不会疼你，还会吼你，连个天势（老家人说出门看天势，进门看脸势）都看不清，饭白吃了，咋没把你冻死。沙尘暴就像一座山铺天盖地推移过来，沙尘打得你眼睛都睁不开，羊群团在一起，你也只能蜷曲着身子用皮袄裹了头团在羊群中。

放羊要远离村庄去大山深处，一方面村庄周围牲口啃、人割的没有好草，一方面村庄周围全是庄稼地，羊会往庄稼地里扑。羊群一旦进了庄稼地，四处乱钻，就像满天的星辰，你一个人是没有办法赶出来的。生产队数羊扣工分，工分就是口粮，那就把祸闯下了。我读过许多写放羊的文章，把放羊写得简直就是一种享受，就像现在流行的伪乡愁，许多没有乡的人都在谈乡愁写乡愁，把故乡写得温馨浪漫。一篇文章写放羊，说边放羊边看书，还用“手不释卷”之类的词，这纯粹是一种想象。放羊绝对是这世上最辛苦的活，“看牛要坐，看驴要骑，看羊跑得脚掌没皮”，看就是放、拦的意思。羊赶到大山里，你以为宽天野地的，有草吃，羊就不乱跑了，不用操心了。其实不然，羊是最不安分的，边走边吃，而老家那片干旱的土地，草是很稀薄的。除了操心不让羊进庄稼地，你还得防止意外发生。羊群绵羊山羊混杂，绵羊性子绵软，在坡上啃草，山羊猴，总想爬上悬崖峭壁寻鲜嫩的草，山羊敏捷，不会掉下来，绵羊受了山羊的引诱，爬悬崖峭壁常会失蹄，从崖上滚下去必死无疑。沟沿边羊群也不能去，因为遭山水冲刷，土块悬溜溜吊着，会忽然坍塌，把羊就闪下去了，而羊与羊也像人有冤恨，忽然一头，就把另一只羊打落沟里。死了羊是要赔的，而且很丢人，大人会连揍带骂，你连个羊都拦不好，长大吃屎都撵不上热的。因此你得时刻留神，稍不留神，羊群已跟着庄稼的香气赴庄稼地去了，或者有一头摔到崖下。因此放羊时，你也是一只羊，混在羊群里。有一次放羊，从知青手里用两个西瓜换回了一本封皮都没了的《敌后武工队》，把羊赶到山里看书，看得入神，羊就跑进庄稼地里了，而且是邻队的庄稼地，可是闯了大祸，还得生产队长出面协调处理，父亲可把我一顿好揍。那个著名的《狼来了》的故事被人们广泛地用来教育孩子要老实，但在老家，出生于二十世纪六七十年代的人都知道，那可不是一个故事，那时候山里狐狸、狼、野猪很多，豹子也时常出现。狼和豹子专门盯着羊群。不过，它们首先袭击羊群，不袭击人。因此大人交代，遇上狼、豹子叼羊，就让叼去，跑到山头上再喊狼来了，可不敢逞能诈诈唬唬的。狗遇到狼、豹子决不临阵脱逃，会又叫又扑，叫着集合庄子里的狗。

羊极聪明，会欺负人，看到庄稼地，就乱箭齐发，除非你像孙猴子，有分身术，否则你得时刻追撵，你就明白为什么放羊叫拦羊。自放羊以后，我认识到别看羊把式都闷不吭声，其实能耐大着哩，二三百只的羊群，一个羊把式赶着能从庄稼地夹着的小路上穿过，像纪律严明的队伍。羊把式给二三百只羊个个起名，而且都记得住盯得下，哪只羊走邪路，他喝一声那羊的名字，狗日的往哪里走。随着喝声，土块又打在羊身上，那只羊就入群了。羊把式都会训练几只头羊替他领羊，羊群不按他设定路线走，他喊一声头羊的名字，头羊拐弯了，羊群就跟着拐弯了。羊把式还训练一两只狗，替他放羊，他手里的土块打哪只羊，狗就冲向哪只羊。羊把式拿胡墼打羊那是百发百中的。

最让人难以忍受的是那种地老天荒的孤寂。进了大山深处，就远离了村庄，远离了人，阔大寥远的山野，只有你一个人，也会有别的放羊的，但都守着一个山头。太阳一竿子高赶羊出山，直到黄昏回家，十三四个小时，看太阳悬浮在天空就像挂着的气球，一动不动，你才能理解什么叫长天大日头，你放的不是羊，放的是时间。你可以玩游戏，有许多游戏一个人也能玩，比如放屁窑窑，比如坐飞机（从新塌落的沟壁上往下溜），等等，但一个人什么游戏玩上一两遍就没意思了。崖壁上有土蜂窝，你可以捣土蜂窝吃蜜，蜂蜜抹在馍上那可是美味，但你一个人千万别捣，因为你跑得再快也跑不过土蜂，保证被蜇得肿得没了眉眼，只有五六个人一起才能捣，捣下来大家分头跑，谁被土蜂盯着追谁就自认倒霉。你还可以唱歌，可唱上几首就没心思了。一个孩子永远没有大人有耐心。

暑假放生产队的羊群相对好些，因为羊群大，一群羊会安排三四个娃娃去放，这就有意思了。我们把羊群赶到大山深处，四五群羊混在一起放。每个羊群都有三四只羝羊骚胡，有一个掌群的老大。经过打头（打架）争出老大后，它们就会维护老大的威严，两三年内再不挑事打头了。但是，两个群里的羝羊骚胡见面，立刻就斗志昂扬，我们就把羝羊骚胡弄到一起让它们打头。老大不到争群是不打头的，它们会很清高地观战，我们当然要看哪个老大厉害。我们把两只老大拉到一起，让它们碰角磨脑，渐渐地它们就会有了斗兴，一旦打起来就是几十回合，整个山野便是“哐——哐——哐——”的回音。我们会赌输赢。拿什么做赌注呢？偷瓜果，偷麦捆豆拢。麦捆豆拢遍地都是，没人看守，偷是没危险的，偷来烧着吃。偷瓜果很危险，瓜果熟了有人看守，而且会有狗，被抓住可就倒大霉了，回家挨打不说，队上还要处罚，输了的就组成团队，有对付人的，有对付狗的，四面策应，尽管如此，偷瓜时都很紧张。猪头万扑进瓜地，摘了一个瓜抱着就跑，一直到我们跟前，才发现是个葫芦。我们也捣土蜂窝，掏蜜吃。再就当羊梢子，输了的领着羊群放牧，赢的尽情玩乐。一群娃娃在一起，有很多游戏可做。

牛

在老家，一个家，是必须操心一对牛的。

老家人把喂养牲口不说喂养牲口，说操心牲口，因为牲口是生活的主要帮手，是要用心饲养的。操心牲口是一件细碎耐心的活。饮：冬春日饮一水，夏秋日饮两水，不可饮太冰冷的水，夏日井里窖里的水寒，打上来要晒一晒，天大（特热）的时候，水里撒麸子，让牲口多饮水。喂：寸草铡三刀，无料也上膘，草铡得越细越好；槽要勤扫；晚上要上夜草，不可偷懒，入夜添足一夜的草，草给牲口气哈得柔韧，牲口嚼起来费劲，且会有腥膻味，牲口不爱吃；赶出去放牧不可让吃带露水、霜的草。圈：圈要勤垫，粪要勤起，保持干燥，不然牛会患蹄癀；夏日要注意通风透气，冬日要注意保暖。干活：不能穷追猛赶，鞭子不是用来打的，是用来吓唬的；套绳、臃脖、鞍子、犁、杠要常看，磨损了就要及时修补，更换，光堂平滑，否则会伤着牛身，一旦打伤结痂，就落下病根。除此之外，还有一门常规功课，就是隔两三天要抠一回，抠一回等于加一次料。因此经常看见人拿个木抠抠（形如梳子）抠牲口，连腿裆腋下都要抠到，牲口躺得展展的，微眯眼睛，那真是一个享受啊。

在生产队的时候，喂的牲口杂，马、骡子、牛、驴都有。我觉得马是不适合务农的，它天生就是与将士一道冲锋陷阵、杀敌报国的。骡子是马与驴交配所生，无论公母都没有生育功能，因此劲大，性子也大，多疑，经常警惕地竖着耳朵搐起鼻子“突儿突儿”地喷着，稍有风吹草动，就惊了，不顾死活狂奔，使唤起来费手，女人娃娃使唤不了。而地多在坡上，骡子急慌慌的，犁地拉耱摆耧很不稳重，陡坡上有时滚坡，骑着倒是快当、洋气，人形容说高骡子大马嘛，可种地人一年能出几趟门，何况骡子性大多疑，骑人多出事故，因此，包产到户后，马和骡子逐渐被淘汰了，牲口就只剩下牛和驴了。

地多在坡上，最适易牛、驴耕种，但驴还兼做拉磨、拉车、驮水、驮庄稼、捎脚（骑人）等活计。因此，多数情况是牛耕地。九九加一九，耕牛遍地走，老家人骂人没出息，就骂长大也是个打牛后半截的货。老家人都知道牛是上天派下来替人下苦养活人的。有个传说。说是天地初开时，玉帝派老牛下来给人传规矩：一吃饭三穿衣。就是说人一天吃一次饭，睡三次觉。可是老牛在给人传话时把话传反了，说成了三吃饭一穿衣。上天复命时，玉帝大怒说那你下去养活人吧。说完一脚就将牛踢落凡间。玉帝的一脚可不是普通人的一脚，结果牛的门牙让玉帝全给踢掉了，因此牛没有门牙。我想这个传说的意义是在告诉我们要爱牛惜牛疼牛，牛是在替人下苦。老家有一禁忌，牛是不能骑的，说是牛身上有字，骑了遭罪。我想人们是通过这个禁忌表达对文化崇敬的同时，也表达着人们对牛的疼爱。家家操心的牲口都是有名字的。

犁地是一件长活，我从小猜的一个谜语就是跟犁地有关，至今记得：弯弯扭扭一根柴，我把世界翻过来。谜底是犁，也说的是犁地。从打春开始，到秋上霜来。一年的庄稼两年做，说的就是犁地，今年地犁不好，来年就是天照顾，也没有好收成。

包产到户后，我家分到的窝子地、坡地、林地一共有八十多亩，加上父亲边头拐角开的荒应该过了百亩，因此操心牲口是必需的，家里一直操心着两头牛，一匹军马，一头驴。军马是抓阄抓来的。生产队曾经分来一匹军马，说是备战备荒，后来没人提了，就成了生产队的一头牲口。军马不犁地不拉车，骑人倒是很舒坦，就成了大队长的坐骑。包产到户时，军马因为不会犁地拉车，没人要，成了三等牲口，就抓阄，结果让父亲抓来了。牲口可是重要的劳力，不犁地拉车怎么行，既然能驯成军马，也就能驯成牲口，经过几日的训练，军马给驯成了一头牲口，和驴配套，很默契。那时候娘还很康健，父亲、母亲各套一对牲口犁地。

两头牛叫大黑和小黄。大黑是包产到户从生产队分来的，分到家里年纪已经大了，先与人家朋牲口种地，后来又去集市上买了小黄，它们一见面就亲热，像一对父子。那年，老天爷给了个好收成，一打春，雨是按时按节地下，庄稼长得多少年没见过的好。老家的庄稼以夏庄稼为重，主要是麦子、胡麻、豌豆。那时候我还在教书，整个假期都在家里受苦。收倒麦豆，我和娘套着驴车马车往回拉，打碾。父亲赶着一对牛犁地，庄稼收后，草就疯长起来，犁将草翻埋在地下，就沤成肥了，因此说犁头上有肥哩。而伏天里阳光正毒，土翻着晒壮地骨，因此说伏里天戳一椽，等于秋上犁半年。两头牛分上午、下午两晌犁地，受了大苦，麦豆地犁了两遍，大黑就死了。父亲难过啊，泪水噗噗落地，念叨说这头牛从包产到户到咱家，已陪过了刘庆的两头牛，就是牛满家也陪过他的一头牛了。牛满是最惜疼牲口的人。父亲把牛埋在了苹果园里，那几年苹果长得又大又鲜亮。正是犁地的伏里天，牛不配对咋行，第二日一早大就去集上买牛了。庄户人家买牛就是买劳力，请长工，当然要买口小的，口小就是年纪小。小牛都有性子，往回赶不费手，我也去了。

村镇的集市羊牲口交易是重要交易。到了牛市场，几十头牛或站成一排，或攒成一堆。那时候一头牛已过千了，这可是一笔大开支，牛要买得不顺手，还得倒手打麻烦，不可掉以轻心的。我和父亲来来回回一头一头地看。有一头牛眼睛绷得大大的一直看着我们，就像是有话要跟我们说。当我们第五次经过这头牛的时候，这头牛忽然哞的一声，一横身子挡住了我们。父亲在牛背上拍了两巴掌，牛并没有让开，而是伸出舌头舐父亲的手背，还把头在父亲身上蹭来蹭去。父亲嘿嘿一笑说就你了，伙计。于是就买下了这头牛。回来父亲和娘说这牛跟我家如何有缘分，讲得生龙活虎的。父亲给牛取名春来。春来果然使起来顺手得很。父亲说牲口要在人跟前活一世，得有缘分哩。

人与人之间有缘分，人与牲口之间也有缘分，老家人认为一头牲口到你家做长工，那也是前世修来的。想想这不是凭感情说的，而是有文化背景，人的轮回之中有一道就是牲畜道，而我们也常说下辈子当牛做马报答的话。因此老家人轻易不倒换牲口的，除非家里急需用钱，被日子逼住实在没招了，就卖掉一头大牲口，先渡过难关，再配置牲口。卖后的牲口还会叨空逮闲回来的，就像一个亲戚来浪一浪，家里会给准备上几斤料。老陈为看病卖了牛，后来那牛常回来，最后老陈又把那牛买了回来。有些人家倒换牲口是因为牲口使唤得不顺手，人和牲口都犯了心病。李泰来家养过一头牛，就爱牴他家人，大人小孩都牴，最后发展到一看见追着牴。这就是没缘分。李泰来倒换了那头牛，那头牛也再没回来过。

牛的寿命三十年左右，到了我终于将父亲搬进城的那年，春来在我家已经劳作了快二十年。搬家的时候，家里没有什么可处理的，只要手脚利索的都进城了，家家院大人稀，窑洞和院落只能闲弃着，能说上处理的便只有牲口和土地。处理土地不存在问题，退耕还林后，坡地、林地都不让种了，剩下的窝子地可是吃饭的碗，人人都想要。不过土地还是有人要的，而进城打工，年龄过了五十五活不好找，就是找上了，和年轻人下同样的苦，却挣不上一样的钱，还遭人嫌弃，就像混人家的钱，就又都回来务劳土地。到了处理牛的时候，和春来配套的白脑顶子年纪还不大，还能下苦，好出手，可春来就不好处理了，父亲心里很纠结，倒不是卖不上价的问题，而是为牛的一辈子感慨。几天来，他每天都抠牛，抠完了一头牛，又抠另一头牛。我看着春来，心里也不好受，想到宋朝诗人孔平仲写的《禾熟》：“百里西风禾黍香，鸣泉落窦谷登场。老牛还了耕耘债，啮草坡头卧夕阳。”历代文人墨客对牛给予极高的赞誉，现在许多地方都有拓荒牛的雕塑，然而，牛的一生终究是太苦了，而晚境都是极其悲凉的。

父亲纠结了几日，最后牛连地一同给了一起拉长工的长生叔家，春来就像个累赘搭配给人家了，父亲给了一百块钱说给多上点料吧。父亲进城时已经过了七十，终究因为不习惯我为他安排的幸福生活，没待上一年又回到了村里，他又把地和牛弄了回来。春来最后死在了我家。父亲还是把它埋到了苹果树下。对于一头牛，埋在树下是最好的结局了。

驴

在老家那片土地上生活，一个家像操心一对牛一样，一定操心着一对驴，犁地、推磨、拉车、驮水、捎脚（骑人），人们的衣食住行无不与驴有关，年好过，月难过，日子还比树叶多。驴是一个家不可或缺的伙计，日出而作，日落而息，日复一日，月复一月，年复一年，驴陪着人走过了那些沟沟坎坎、磕磕绊绊的岁月。驴和牛一样都是上天指派下来为人分担苦难的，而驴比牛更辛苦。在那片山梁沟壑的土地上生活，没有驴日子是不能想象的，没人会轻看一头驴的。驴以其能驮能拉吃苦耐劳的本质，成就了一个团体——“驴友”（tour pals），户外运动和自助自主旅行爱好者以此自称和尊称对方。

人骂人常骂驴脾气或属驴的，意思是犟。事实上，在大牲口中驴的性子最好了，它没有牛犟，也没有马和骡子性子大。突然冒出来的一只兔子、黄鼠、狐狸，马和骡子都会惊慌失措，撒野狂奔，会尥主人一蹄子。但驴不会，它只是甩甩大耳朵，看上一眼，继续走自己的路，干自己的活，一副大智若愚的样子。在山里驴车是最普遍的交通工具，驴很安静地走在回家的路上，你在车厢里瞌睡了就睡，驴保证会把你平安地拉回家。骂不明事理的人，人会骂蠢驴，其实驴一点也不蠢，别看它平时耷拉着大耳朵，眯着眼睛，看上去木愣，其实它很精明，它们会眯着眼睛听人们家长里短的谝闲，会互啃脖子，会记得自己的相好，会打滚——在草地上撒欢打滚，那是驴最惬意洒脱的时候。前不久接到一条微信，列举了保健的十个小动作，其中一个小动作就是早晨起来像驴一样打滚。我笑了，驴打滚可真是活动全身筋骨的综合运动，老家人说的四大舒服就是：公鸡打鸣猪蹭痒，人剜耳朵驴打滚。驴很记情，它能记住一个家，记住一个人，一生不弃，日子过不去了，人不得不卖掉一头驴倒腾日子，驴有了新主人，它还会像一个交情很深的老伙计偷闲叼空回来看看。人都知道，找驴就直溜溜找来了。

城里人知道的驴是文化上的名词概念，他们不懂驴。在我的许多同事中，他们不知道草驴是什么驴，叫驴是什么驴，骟驴是什么驴，因此闹出过不少笑话，比如说草驴是吃草的驴，哪个驴不吃草呢？草驴就是母驴。叫驴是叫唤的驴，哪个驴不叫唤呢？叫驴就是公驴。骟驴是善良的驴，哪个驴不善良呢？骟驴是被骟后的公驴。驴和马生出来的叫什么，他们不知道是骡子。

魏晋时代，驴有过很高的礼遇。南朝宋刘义庆《世说新语》记载：“王仲宣好驴鸣。既葬，文帝（曹丕）临其丧，顾语同游曰：‘王好驴鸣，可各作一声以送之。’赴客皆作一声驴鸣！”驴是那样的稳重，怎么骑也不会出事，更无性命之忧，八仙中的铁拐李是倒骑毛驴的，所以骑驴写诗是最惬意的，“骑驴两脚欲到地，爱酒一樽常在旁”（陆游）；“往日崎岖还记否，路长人困蹇驴嘶”（苏轼）；“关水乘驴影，秦风帽带垂”（李贺）；“日暮独归愁米尽，泥深同出借驴骑”（白居易）；“骑驴三十载，旅食京华春”（杜甫）……诗人骑着驴优哉游哉，成就了多少传世诗文，然而驴并不是主体意象，只不过是个代步工具而已，真正为驴写的诗很少。

倒是黄胄画驴的题诗刻画出了驴的形象：“平生历尽坎坷路，不向人间诉不平”“任劳任怨忍饥寒，文人笔下遭卑视”。黄胄以画驴名世，笔下的驴憨态可掬，美德如炽。这是由于“文化大革命”时期他被下放新疆关进“驴棚”放了三年驴，长时间与驴相处，他懂驴了，也成就了他艺术大师之名。

驴的不幸也是来自于文化。自柳宗元写出《黔之驴》，驴有了文化意义上的不幸。驴成了喻体，博士买驴、非驴非马、好心做了驴肝肺、借坡下驴、驴唇不对马嘴、黔驴技穷……抛开这些成语不说，单就是当今酒桌上，关于驴的段子也是不少，稍稍梳理几则。

其一，局长批一文件：“此事不能马户。”本为“马虎”，却写成了“马户”，于是便被下面人读成了“此事不能驴”。其二，一老农赶驴车进城，拴驴于树上，结果驴啃了树皮，被城管罚了款，老农气得给了驴两个嘴巴，大吼，你以为你是城管，到哪里都是白吃白喝。其三，一人下乡，至于缺水地区，碰见一小孩驮水，喝水上镜头，水苦涩，摇头，小孩说对着呢，这水喝上苦得驴都摇头哩。其四，一老农骑驴进城，遇见一个地痞，地痞问吃了吗？老农说吃了。地痞说我没问你，问驴哩。老农一回头，给了驴两个嘴巴，说驴日的，在城里有亲戚也不给老子说一声。其五，一人下乡，看见驴脖子戴着个铃铛，那人笑说它难道也爱美，还戴项链？老农说驴生来就是干活的，戴个铃铛，是防止它偷懒，只要干活它就得动，一动铃铛就响，铃铛不响时，就说明它不干活了，不用你老盯着它。那人说那它要是站在那里不动光是个摇头呢？老农说好我的先生哩，它哪有你那个智商。其六，小驴问老驴，为啥咱们天天吃干草，而奶牛顿顿吃精饲料？老驴叹道，咱爷们哪能跟人家比，咱们靠跑腿干活吃饭，人家靠胸脯吃饭！

即使在那些使唤着驴的土地上，驴默默地分担着人的生活重负，却也被借来骂人。如果你碰上一个大人追着小孩骂狗日的，你不用担心，他是在惯那个孩子。如果你碰到一个人和另一个人互相骂狗日的，更不用担心，说明关系非同一般。可是如果你碰到一个大人追着一个小孩驴日的驴日的骂，那这个小孩肯定要挨揍了，如果你碰到一个人对另一个人骂驴日的，那他们一定要弄事了。狗日的不是骂人的话，驴日的绝对是骂人的话。在陇东、陕北、宁南等地，骂驴日的时候，说明气生得很大，都要爆炸了。新疆是毛驴大省，大街小巷里走的驴车就是一道风景，去新疆打驴的成为一种时尚，然而新疆最重的骂人话就是“伊懈克”，即毛驴子。

最近有一则寓言小故事《驴是怎么死的》很火。说驴耕田回来，疲惫不堪地喘着粗气，向狗诉苦说，唉，老朋友，我实在太累了，明儿个真想歇一天。狗告诉墙角的猫说伙计，我刚才去看了驴，这位大哥太累了，它说它想歇一天，也难怪，主人给它的活儿太多太重了。猫转身对羊说驴抱怨主人给它的活儿太多太重，它想歇一天，明天不干活儿了。羊对鸡说驴不想给主人干活儿了，它抱怨活儿太多太重，唉，也不知道别的主人对他的驴是不是好一点儿。鸡对猪说驴不准备给主人干活儿了，它想去别的主人家看看，也真是，主人对驴一点儿也不心疼，让它干那么多又重又脏的活儿，还用鞭子粗暴地抽打它。晚饭前，主妇给猪喂食，猪说主妇，我向你反映一件事，驴的思想最近很有问题，你得好好教育它，它不愿再给主人干活儿了，它嫌主人给它的活儿太重太多太脏太累了，还说它要离开主人，到别的人家去。晚饭桌上，主妇对男人说驴想背叛我们，它想换一个主人，你准备怎么处置它？男人咬牙切齿地说背叛是不可饶恕的，对待背叛者，杀无赦，炖了它。于是，驴就被杀了。一头勤劳实在默默无闻的驴就这样被传言“杀”死了。

这则寓言小故事无疑道出了驴悲苦的一生。

粮 票

“粮票”打来电话说新收了几张稀有票证，你过来看看。我说好好。手机里存储了太多的人，除了重名的容易混淆，还有许多人没有深刻印象，加之记忆力衰退，常常是来了电话盯着名字半天想不出是某人，应答不当总受责怪，再记手机号码就细了，名字前加上单位名称，比如电视台张三，民政局李四，房管局王五，有绰号名字前加上绰号，比如大象赵六，野猪钱七，碎嘴孙八。“粮票”是摆票证摊点的老猴子，一个年逾花甲的老头。这么大年龄了，该输入他的名字，但我问过他的名字，他说你就记老猴子吧。输入时又觉得老猴子不合适，毕竟是一个老人。再问他的名字，他笑了，说多少年了，都叫我老猴子，以前叫我老猴子我跟人干过架，现在叫来倒觉得亲切哩，叫名字反不习惯，多少年了，偶尔人叫了名字，迟疑半天才能想起叫的是我，名字就是个代号么。我想想就输入了“粮票”。

去年又搬了一次家，搬到北塔湖附近，实现了逐水而居的梦想。北塔湖有“城市绿肺”之称，沿岸人流如织，于是就自发形成了一个旧货市场。有几家旧书摊，散步时便在旧书摊翻旧书。旧书古朴，儒雅，不像现在的书过度装帧，几万字的书都能搞到二三百页的大部头。遇上心仪的旧书便淘回来，日渐成了一门功课。淘到过上海书店 1963 年 5 月第一次出版的《怀仁集王羲之书圣教序》，定价才 1 元。淘到过商务印书馆 1963 年出版、严群翻译的古希腊柏拉图的《泰阿泰德智术之师》，定价才 1 元 1 角。这些书四五块钱就淘到手了。要是现在出版的，至少三四十元。也去各种古董摊上看看，只是看看，极少买东西。我不搞收藏，其因有二：一是没钱，二还是没钱，何况现在全民收藏，总觉得哪有那么多的老货，所谓古董皆是做旧的新物。

一天，在一字排开的古董摊点里，我发现了老猴子的票证摊点，不是兼作，纯粹的只有票证。我就像铁块遇上了磁铁，被牢牢地吸引住了。从明清时期的借据、地契到当今的各种票证，涉猎广博。新中国成立以来的票证为最多，布票、粮票、肉票、烟票、酒票、糖票、醋票、油票、盐票、煤票、糕点票、棉花票、絮棉票、线票、肥皂票、火柴票、麻酱票、缝纫机票、自行车票、汽油票、煤油票、手表票、理发票、侨汇票、菜票、豆制品票、料票……种类繁多，五花八门。其中有世界上面额最小的布票，曾获得吉尼斯世界之最的新疆 1 厘米布票。正如票证下面垫着的灰布两边所写：方寸世界小，历史舞台大。

老猴子的票证摊点让我大开眼界，蹲在票证摊前，我才发现曾影响了我国几代老百姓生活的票证时代，我虽然经历了，但对这个时代的票证我仅有个概念，完全像一个局外人，几乎一片空白。1955 年国务院发布《市镇粮食定量供应暂行办法》，国家发行的第一套通用粮票，标志着票证时代开启，其后相继发行了数以千计的票证，中国进入了票证时代，社会由此划分为吃“商品粮”与吃“农业粮”两大阶层，壁垒森严，有着严格的“世袭制度”，城乡二元体制由此产生。那时候有一个特殊的关系叫作“粮食关系”，与城镇户口同等重要，粮票是城镇户口的身份证。至“文化大革命”时期票证时代达到顶峰。票证范围之广、地域之宽、品种之全、时间之长、数量之多，为人类历史之最，除了买红宝书、《毛泽东选集》、领袖像不用票，其他东西几乎都要票。而这其中绝大多数票证“非城镇户口”没有资格使用。二十世纪九十年代，粮食供求走向市场，粮票逐渐走向衰亡。继各省市地方粮票逐步取消之后，1993 年 5 月，北京市最后停止使用粮票，粮票全面退出人们的生活。2001 年 3 月，国家粮食局发出通知取消《市镇居民粮食供应转移证明》，从 2001 年 5 月 1 日起“各类异地人口和农转非人口办理户口迁移时不再办理《市镇居民粮食供应转移证明》和“农村粮食供应转移证”，居民口粮本等粮食关系手续相应取消”，标志着票证时代结束，票证完全退出了人们的生活，进入橱窗，却成了收藏的新宠。

老猴子票证摊点占比分量最大的是粮票，全国通用粮票、军用粮票、各省市地方粮票、面制品票、餐券票、杂粮票、大米票、面粉票、细粮票、粗粮票，小米票……粮票从16两制到10两制再到公斤制（解放初期，粮票采用古时“半斤对八两”即16两制计量，1959年改为10两制计量，1985年起改为公斤制），面额公斤和市斤并存混用，从壹钱、伍钱、半两、壹两、贰两、伍两、壹斤、贰斤、叁斤、伍斤、拾斤，直至百斤、千斤、万斤，票幅从指甲盖大小到信封大小，纸质有土纸、再生纸、布纹纸、印刷纸、胶版纸，直到印刷人民币的水印纸，文字有繁体字、简化字、大写字、小写字、阿拉伯数字、罗马数字、少数民族文字，还有错别字等。粮票印制有木刻版、石头版、玻璃版、胶版，一直到电脑排版。票面的美术装帧图案涉及革命圣地、塔寺庙宇、亭台楼阁等，国防建设、工农牧业、水电交通、城市建设的重大成就，工农商学兵形象，从新中国成立初期经济建设、农业合作社、人民公社、大跃进、“文化大革命”，直到改革开放，方寸粮票，承载着厚重的历史，记录着各个时代鲜明的特征。

这些散发着浓郁的历史气息的粮票深深吸引了我，勾起我对往事的回忆。我说，你给我整一套。他绷大眼睛说：“整，整一套？”我说：“粮票，全的。”他“噗”地笑喷了，说：“兄弟，一看你就是个外行啊，全套的？你知道全国有多少种粮票吗？从1955年发行全国第一套通用粮票，到1993年粮票彻底退出生活，近四十年从中央到地方，全国2500多个市县，还有一些公社、镇、乡、大企业、厂矿、农场、学校、部队、公社，发行了各种粮票，种类达14000多种，数万个版本，粮票成为除人民币外发行量最大、种类最多、使用期最长、影响最大的无价票证，创下世界之最，不要说我，就是全国所有的藏家，也没有一个说自己有一套。”我目瞪口呆了。

老猴子从一个袋子里掏出几本厚厚的影集，上面写着“见证时代——经典票证”，里面是经典票据影印件，剪贴有票据故事。老猴子说许多票据我也只有影印件，像壹钱、伍钱以及一些错版票，如今是身价百倍，还在涨，我也只有影印件，要想收到几乎没有可能了。

这是一本关于粮票的图文并茂的大书啊，是一部粮票的发展史，其中有不少罕见的粮票影印件，譬如：抗日名将彭雪枫家乡河南省南阳市镇平县1965年发行的一红一蓝两种油票，红色面额为伍分伍厘，蓝色面额为壹钱陆分伍厘。社教干部下乡到农民家搭伙吃饭，除付钱粮外还要付油票，干部一月的食油定量为伍两，伍分伍厘由伍两除以三十天再除以三餐而得出，也就是说为一餐定量。壹钱陆分伍厘则为一天定量，在当时很多农民一家人一年到头吃不上二斤油，干部能有这样的定量已相当不错了。伍分伍厘油到底有多少？1斤为10两，1两为10钱，1钱为10分，1分为10厘。伍分伍厘为1斤的1/180，也就是合2.75克，形象地说，还不到铁盖儿白酒一盖儿。农民将干部吃饭给的油票汇集起来，够1两了，再到公社粮站去将油买回家。

该油票被吉尼斯纪录认定是世界上面额最小的油票，被中国历史博物馆所收藏。又譬如：最小面额的粮票是南京市 1960 年粮食局发行的壹钱粮票，供买卖油条、饼干等粮食制品找零用；最大面额的粮票是 1967 年发行的一万斤的粮票；票幅最大的粮票是 1984 年广西粮食局发行的广西流动人口粮油定额供应卡，票长 17.3 厘米，宽 6 厘米；票幅最小的粮票是 1955 年浙江省印制的随证粮票，票长 0.9 厘米，宽 0.8 厘米，仅有小手指甲盖大小。再譬如，江苏省 1969 年印制发行的第一版壹两、贰两粮票，以南京长江大桥为票面图案，但大桥上的三面红旗和桥下诸多簇拥的红旗均是往东飘，显然刮的是西风，东风吹，战鼓擂，现在世界上究竟谁怕谁，不是人民怕美帝，而是美帝怕人民，这红旗往东飘，显然是“西风”强劲，“东风”不敌“西风”。倘若你要是搞收藏，就会明白错误永远比正确值钱。粮票刚一开始发行，就被人看出重大错误，发出的全部收回，和存票全部销毁。“文化大革命”期间，武汉市一区革委会粮食局曾发行了一种“粮票储蓄存折”，可以自由存入全国粮票和省市粮票，与银行储蓄存折一样。那些冠以经典的票证在现在看来是那样不可思议。

老猴子是个胸无块垒的坦荡之人，不问我姓甚名谁，就告诉我他的身世：我以前是农村的，我大最大的愿望就是让我成为一个吃粮票的，为此老爹把家传几代的一对镯子送了礼。老猴子说那可是对真正的翡翠镯子，从我太爷手里传下来的老货，有一百多年了，放到现在最少上百万了。唉，人眼前头的路黑着哩。他说那时间买肉要肉票，有了肉票还不行，还要门市部的主任批一下才能买到肉。那主任是从屠夫干到主任位置上的，参加扫盲班识了几个字，那字写得简直没法看。他第一次去打肉，见“肉”写成了“内”，怕买不上肉，就添了个“人”字，结果去了那卖肉的看了半天，说票是假的，他跟那卖肉的喊了起来，那卖肉的拿出一把票说这才是主任批的，他一看上面全是“供内 × 斤”。肉没买上，票也废了，挨了一顿好打。成了吃粮票的人后，他给安排到农具厂上班，没几年改革开放，改革东风一刮起来，厂子迎着风就倒了，他下岗了，那段日子比农村人难过啊，干这干那的没干成一件，最后倒腾粮票，现在倒真正成了吃粮票的人了。

“吃粮票”，我倍觉亲切，感慨万千。父亲最大的梦想就是把我培养成“吃粮票”的。

票证时代正是我的童年时代，在如此浩瀚的票证海洋中，我所知道的只有布票和粮票，困扰我们生活的也只有布票。尽管每年我也能分到布票，但没有支配权，几年做一身新衣，还年一过娘就锁进箱子，浪亲戚、吃宴席才穿，再都是大人们穿得破旧不堪进行拼贴缝补的衣服，像百家衣。即使到了我放羊、喂猪、打柴、拾麦穗、挖草药能够挣来扯布的钱了，依然如故，因为布票没处挣去。那年，大队通知让到公社供销社领赊销布，不要钱，也不要布票，什么时候要，要多少，都没做说明。村上人都是过日子很谨慎的人，知道天上不会掉馅饼，怕秋后算账，不要说以后加倍地收，就是按平价收，今年领了，那就是提前把以后日子里的东西用了，不是为以后的日子挖个大坑？都互相探问，许多人家说不领。但看到一些人领回来了，一些人动摇了，就去领了。我们家也是纠结再三才去领的。后来，没见秋后算账，就那样不了了之。有几户没领的人家，说起来就像吃了多大的亏似的，一家人互相埋怨，得出结论，以后公家只要发东西就要。

至于粮票，虽然不像布票，与我们的生活不是息息相关，但对于我们，粮票的意义更为重大。我们把凭粮票吃饭的公家人叫吃粮票的人。对于那个时代，一只眼睛一条腿一个二婚头的吃粮票的，都能够娶到乡下最好的女子，这是极普通的形象，娘家人则就鲤鱼跳龙门了。倘若一个农民嫁（娶）了吃“商品粮”就是神话了。“吃粮票”就等于“月月有个麦子黄”，对于长期饥一顿饱一顿看老天爷脸色吃饭的老家人来说，无异于天堂梦圆。更为重要的是“吃粮票”就意味着是公家人了，谁家出个“吃粮票”的人，就是朝里有人的人家了，招工、当兵、推荐上大学、在大队弄个队干、批个宅基地、吃个救济，诸事就都有人打点，在村子上气象就大不一样了，在人前说话做事就不一样，就拿红白喜事吃席来说，上岗子（上席）就给人家霸着。张光的姐姐在毛宣队里，唱歌唱得好，结果让县剧团给拔去了，吃了皇粮，回来气派就不一样，看人走亲戚拿礼品就是粮票。

粮票是多么高级的礼物，有了粮票能买面包、蛋糕、饼干、挂面啥的。因此，粮票于我们有着布票不可替代的象征意义，是我们精神世界的东西，寄托着我们的理想、愿望、目标、追求。

不过，那也只是我们的梦想。尽管我们曾有过多么丰富的梦想，上九天揽月，下五洋捉鳖，做黄继光、邱少云、雷锋这样的英雄，最终都湮灭在现实的土雾中，生活在我们那样的地方，有多少梦想可以成真呢？绝大多数梦想都只是梦罢了，“吃粮票”就意味着改命，那非一般人力而能实现的，大家都有自知之明，因此粮票之于我们的生活并没有实际的意义，我们也并未有切肤之痛。然而，到了 1973 年，我对粮票有了切肤之痛。

奶奶（外奶奶，我习惯叫奶奶）老家是陕西人，婚后遭遇天灾人祸的，逃难到宁夏，解放后就落户到了宁夏。奶奶的妹妹却嫁到了山东。1973 年奶奶有了病，很重，村子上人都来看过，说眼睛都掉到坑里了，怕是要走了。奶奶也觉得自己要走了，就想去看看妹妹，她们一起耍大，自逃难后就再没见面。李赤脚给奶奶挂了几天水（输葡萄糖），奶奶精神好了些，就嘟囔着要去山东看妹妹。那时候交通极不便利，汽车火车的，去山东一去一回要八九天时间，倘若车转接得不顺，得半月，这就需要粮票。起初，也觉得不是啥事，那时候干部经常下来住队，吃的是派饭，今儿这家，明儿那家，吃饭都是付钱和粮票的，家家该有几斤粮票，粮票要去公社粮站兑粮，几斤粮票兑换起来麻烦，也都放着，或有事出门用，或攒多了兑换。父亲不打算下馆子，娘已经着手做锅盔，推炒面。我们那一带人出门都带这两样，因为即使三伏天也不坏。奶奶年纪大了，又是个病人，每天总得汤汤水水地吃点，有十几斤粮票就足够了。粮票借了二十几斤，大队长说你这用不上的，这是宁夏粮票，只能在宁夏吃，到了外省就吃不了了，得有全国通用粮票。父亲只能再去找全国通用粮票，然而，谁家有全国通用粮票呢？找了几家有吃粮票的人家没找上，作难了几天，才去县城找老三。

父亲七岁上出门拉长工，跟着活走，一起拉长工五个人就拈香叩拜，成了拈香兄弟。其中老三后来有了出息，做了公家人，吃上了粮票。其实也就是个兽医，先在公社兽医站，后来进了县兽医站。那年老三回来，几个拈香兄弟家都走了走，给老五家拿的粮票，给我们家拿的是挂面。父亲不高兴了，伤心地说一直以为老三跟他最过心，现在看来跟老五是最过心的。从此，时常会说起这事，就像给老五拉了一头牛，给他抱了一只鸡。事实上挂面是直接可以享用或当礼物送人的，而粮票要换成东西还得掏钱。从此，父亲偶尔去县城，再没去过老三家。现在父亲顾不上嫌隙，去找老三。老三也没有全国通用粮票，去粮站换，人家要介绍信，没有介绍信不给换，可要开介绍信，得有出差开会的通知函。没有办法，老三找了好些熟人家，才找了六斤全国通用粮票。后来，父亲给老三送去了一袋子小米，老三不要，父亲撂下就走。老三撵着说，就六斤粮，你看你咋是这号人，还跟我是兄弟吗？值得一提的是奶奶看了妹妹回来，病竟然就轻了好了，父亲很奇怪，说，你说他奶奶是不是给我们玩了阴谋诡计？这遭到娘的强烈反驳。有一段时间娘要说起来，总要落泪，搞得父亲心里很泼烦。

父亲回来后重重在我头上拍一巴掌说：“狗日的，一定要给老子弄成个‘吃粮票’的人。”

然而，要成为一个吃粮票的人太难了，有三条路可走，第一是当兵，第二是招工，第三是考学。招工一步到位，可极少招工，考学已经不考了，改为推荐，而自改为推荐，我们大队没推荐出去一个，只有当兵一条路，当兵回来会成为工人、单位司机、干部，那些年我们村上当兵的几乎没有回来继续种地的。然而，这些都是队干牢牢把持着。一个大队也有一个庞大的行政机构，支书、大队长、副支书、副大队长、会计、妇女主任、民兵营长、副营长、治保主任、贫协主席、大队委员会委员，生产队有队长、副队长、政治队长、会计、妇女队长、民兵排长、会计、仓库保管员（分为粮食保管和现金保管）、计工员等，他们每人都像一棵大树，延伸出许多枝丫，七大姑八大姨。但父亲还是做着努力，从我十六岁上，他就从招工到当兵开始折腾，直到后来恢复高考，我考上了学。

起初我以为老猴子只是个普通的票证贩子，经过几次接触才知道他是一个藏家，而且潜水很深，是票证收藏协会副会长。他是个善于讲述的人，可以说对这些票证背后的历史，他很熟悉，讲述得有据有典，有声有色。我想如果不论学历，就以对票证的研究，他做个教授，才识绰绰有余。

装粮票和影印件的影集老猴子有十几本，老猴子说："粮票是一部'大书'，我准备出一本全国独一无二的粮票书。"

我点点头说出来肯定畅销，他说："不急哩。我又不像你们靠出书出名哩，我就是当今生的一件活干哩，一定要干漂亮哩。"

他要介绍我加入收藏协会，他说："你是作家，我们就缺笔杆子。"又说："我给你说，票证有故事哩，你钻进去，绝对能写一部大书。"

童 年

从上小学开始，老师就不止一次地在黑板上写下“最有意义的事”这样的作文题目。什么是最有意义的事呢？那时写的几乎都是一些好人好事，城里孩子写的是捡钱包、让座位、扶老人过马路……我们写的是拾麦穗、干活、斗地主之类，这些事当然是有意义的。然而，如果要把它们说成是我们生命中最有意义的事，似乎也并不准确。因为人生最有意义的事将会对我们产生恒久的影响，会成为我们一生中一直闪亮的灯塔，会影响到我们人生的航线和生命的质量。我常常在想，生命里最有意义的事，往往就静默于你的生命之中，然而却会在你生命的某一时刻，呈现出强烈的意义来。

过 年

黄昏让村子像一泓铜浆，黄澄澄的，静静的。远远地就看见村口站着一个人。走近一看，是根生的妈。按辈分，我该叫她姨娘。虽然没有血缘关系，但在一个村子里住得久了，便都是亲戚了。亲戚就像一条条小路一样，看起来走着各自的方向，但最后每条路都是走到了一起。

我叫了声“柳姨”。她把遮在眉间的手拿下来，揉揉眼睛，向我看了看，颤颤巍巍地走过来。她和我的母亲同岁，我母亲已经去世三年了。她走路已经像个娃娃了，有些不稳，加上村口是个崾岘，稀溜子北风刮得正紧，又给崾岘一夹，风就呼呼呼的。路上的尘土都刮净了，但从坡地里又扬起一阵阵的土来。她前倾着身子，走得东摇西摆。我忙向前迎了几步，抓住她的手，她的手很粗糙，就像一截榆树疙瘩，冰凉冰凉的。她的脸上落了一层土，灰灰的。两道泪痕十分明显，像地里犁出的两行犁垅。脸蛋皴裂得红丝丝的，血都快渗出来了。

我说，你老人家这么大的风，不在热炕上坐着，跑到这风口来做啥。她抹了一把眼泪说，心慌的，出来看看。

我忽然想到老旦子在外面打工，就问，老旦子还没回来吗？

她摇摇头说，没呢，外出的娃子都回来了。说着又迎着风向着远路望了望。那风就从她的眼里把泪吹了出来。

我说，快回吧，小心凉着。

她说回吧。可还是把手搭在眉上往远处看了又看，到了崾岘口，又回头看了看，自言自语地说，今儿都二十八了，快过年了。

在分手的路口，她顺着小路走了，筒着双手，一步一步往回走着，趔趔趄趄的，几乎是跟着风在走。她走下坡去，又爬上坡去，背影就像一只蜗牛……我的泪忽然止不住就流了出来。想起那几年在外不能回家的时候，我的母亲也一定是迎着风站在这嵎崄口张望着，然后踩着黄昏那金箔一样稀薄的阳光，跟着风趔趔趄趄地走在小路上，她的手也一定像柳姨的手一样的冰凉和粗糙，脸上挂着两行犁垅一样的泪痕，嘴里不停地念叨着快过年了……

父母心在儿女上，儿女心在石头上。这话就是走在小路上的母亲们总结出来的，没有错啊，在外面过年回不了家的时候，儿女有多少次想起家里的父母呢？

第二天早晨，我贪恋家里的热炕，直睡到了太阳照进窗口。阳光很好，天空瓦蓝。从窗口看到老爷山。山上有庙，高高地坐落在我们的窑顶，我就想爬山，爬到半山腰，一回头，又看到了柳姨，她倚着村口那棵老榆树望着。我忽然掉头向村口走来。我想陪陪柳姨，和她说说话。

因为阳光好，加上没有风，柳姨脸上的气色好多了。柳姨一直是个腼腆的人，不善说话。见我过来，她却显示出说话的欲望，我知道她想知道城里的事。

我索性坐在了树下，给柳姨讲城里的太平，尽管和这山窝窝相比，城里太不平安了。柳姨也给我讲她儿子的事和村里的事。整个上午我恍惚觉得就是和母亲坐在阳光下或炕头上扯磨。直到柳姨的孙子来喊。

我说，老旦子在外面好着哩，别惦念。

柳姨说，哎，这娃，年总得回家过，人家都在过年哩。

往回走的路上，柳姨说，那几年你妈也是站在这里哩。

我想起了那句信天游："把荒山跑成白路了。"

那年二哥在外面打工没回来，母亲整个年都坐立不安，我说没事的。母亲说过年家里少个人，总觉得少了个啥，就一遍一遍地往村口跑着望。

一天有三趟车可以让外面的人回到村子里，柳姨的身影就在那村口晃来晃去。

年三十要上坟给亡人烧年纸，鬼魂也过年啊。烧完纸年就真正地来了。从坟地回来，看见柳姨站在我家门口，我忙走上去。柳姨脸红扑扑的，我就知道她有事要求人了，忙问，姨，你有事吧？

柳姨嗫嚅了半天才说，你有手机吗？我忙掏出来说，有有有。

柳姨说，我想给老旦子打个电话。说着伸开紧攥着的手，露出一个纸条，还有一张捏成卷的十块钱，一同递过来。柳姨说号是玉柱的，老旦子跟他出去干活了。

我拿过纸条，把钱塞进柳姨的手里。可柳姨又塞进我的手里说，好贵的哩。我把钱塞回去说，姨，侄儿连这点钱都舍不得吗？

可柳姨又把钱塞了回来，我急了说，姨，你要把侄儿弄哭吗？

这么说着，我的眼泪真就下来了。柳姨的手停住了，她也唏嘘起来。

拨号时我才想起这里没有信号。看着柳姨的两眼泪水，我不知道如何说。看看山头，就说姨，山窝窝深，接不上，我到山头上打去。说着就往山顶爬去。山顶也没有信号，我试过的。

柳姨跟了上来，我不想让柳姨跟上来，就像兔子一样往山上爬。柳姨爬到半坡就停下了。我长吁了一口气。到了老爷山山顶，虽然没有信号，但我还是装作走来走去地打。从山上下来，我对柳姨说打通了，老旦子活儿没干完。

柳姨笑了，又把钱塞过来。

我说，姨，你咋是这样的人。我忽然记起娘说过我生下来的前几天没奶，正好柳姨生了老二刚刚出月子，就让柳姨奶过我几天，便忙说，你忘记了，我吃过你的奶。

这话一提起，柳姨就高兴了，说，那咋能忘记了呢。

正说着话，柳姨父来了，远远地就骂着，你就当他死在外面了，你让这侄儿娃破费做啥？你吃饱了撑的，不知道那东西有多贵。柳姨父一把把钱夺过来塞进我手里说，娃，拿着，我知道这东西很贵。

我说，姨父，你就这样小气你侄儿吗？他的手就停住了。

我说，老旦子好着哩，别挂心，快和我姨回家过年吧，娃娃都开始放炮了。

黄昏已从西边洇过来，水蓝的天空像滴进去了几滴墨汁，由灰渐乌，山影重了起来。

老两口往回走了，他们的身影融化在了暮色中，仿佛移动着的两个墨点，渐行渐远。我的泪禁不住流了下来。

除夕的炮声已经响起来……

大年初六，我踏上了返城之路。到下马关车站，我就忙着给玉柱打电话，关机。连着打了三天，都是关机。一个月后，终于打通了，电话是玉柱接的。我说我找老旦子。老旦子接过电话，还不等我开口，他就立刻说，谢谢大哥，谢谢大哥。

我说，你咋不回家过年？他说活儿干不完拿不上钱啊。

我说，再咋，过年都得回去啊。他说，大哥，过年谁不想回去啊。

我说抽个空回去看看父母。他嘿嘿嘿地笑着说回去了，刚刚又回到城里。

我一惊说，你把话说漏了。

他又嘿嘿嘿地笑着说，说漏了，可我说了咱这里没信号。我娘哭了，说难为你了。谢谢你，大哥！

我说，你别给我笑，父母在，不远游，年得回家过。

他说明年一定回家过年。

一棵树

大约是十岁那年，母亲要我去姨家。母亲说爬上马家塬，再下马家塬就到了。母亲边纳鞋底边说，说得漫不经心，轻描淡写，让我感觉到这马家塬就是我家对面的那一道山岭，没有几步路。那是我第一次一个人出门远行，我并没有想到这个马家塬竟然是 道纵横十几里宽的大塬，平坦而开阔。

上到塬畔，忽然间为这展脱脱的天地惊呆了，世界上还有这么宽展的地方。整日被圈养在山中，抬头见山，低头看沟，忽然间被放到了这么平坦、空旷无垠的辽阔天地里，到处是有半人深的草蒿，狗尾草，赶上扬花的季节，那雪白的毛缨子随着风，浪一般一起一伏地朝着一个方向赶羊儿似的奔涌而去，再什么都看不见。我穿越那齐腰深的蒿草走去，走了好一会儿，还看不到边儿。从来没有离开村庄的我就被这无限的空茫吓住了，这种前不见村后不见庄的空阔与辽远让我产生了一种无助无望的惶恐。那幻影一般一闪旋逝的狐狸、野兔、黄鼠狼、跳鹿、黄羊和头顶随时要扑将下来的老奸巨猾的老鹰、隼把我变成了一只刚刚出窝的小兔，我给这塬的辽阔与富有吓坏了，我惊慌四顾。

这时，我看到了一棵树，就一棵，在这塬的中间，独独的，像个戴着草帽的大人站在那塬中间。我仿佛听到了一声呼唤，迫不及待浪着那比肩的草向着那棵树奔扑过去。我的手、脚和脸被那因雨水广而锋利坚挺的冰草的叶子割出小口，流着血。我扑到那树下，靠着那树，大口大口喘着粗气，慢慢地就觉得像靠着母亲、靠着父亲、靠着家一样踏实。

片刻之后，空阔与辽远带给我的恐怖像石子于深潭中击出的涟漪，一圈一圈散远了，花、草和原野的香气就慢慢浸润过来，这时我看到这原野是那样的漂亮，像电影《天仙配》里的天景，雪白的狗毛缨子点缀着星星一般的花朵，下午的阳光柔和浮在上面，像浮在云朵上一般，抬头看看树上，喜鹊已摞了三层巢穴，几只幼鹊不停地飞起落下，对我叫个不停，有几只麻雀在树上鸣唱，蚂蚁像一个攀岩者沿着树干向上攀着……这都是我熟悉与亲近的物景啊，我内心的不安与恐慌就在这种熟悉与亲近里慢慢消融了。

我靠着那棵树，打量着这片山塬，一望无垠，看不到村庄，也再看不到树，只是那样漫漫的、茫茫的，我想那最远处是什么？是哪里？有人家吗？有树吗？我不知道，我内心的恐惧被消融了，继而升起来的却是淡淡的忧伤与迷惘，一种远处有多远、远处是哪里、远处有什么的妄想带来的忧伤与迷惘。也就是从那个时候，我开始懂得了忧伤。

我不敢贸然往前走了，树是不能陪着我走的，我只能回头，顺着原路返回。我回头走向塬畔，再次回头看看那树，它一动不动，只有那叶子像娃娃手中嬉光的碎镜片，在随风翻动着，把阳光弄得十分零乱。

是谁栽下这棵树的呢？是一只鸟衔来的一颗种子？还是一个路人顺手插下的一枝枝干？还是一个牧羊人没有找到的插在草丛中的鞭杆……它能够长这么大这么粗，多不容易啊，就那么孤孤的一棵，风吹雨打的，白昼黑夜的。

在家乡，一棵树长成这样不容易，树像水一样稀少。不像有水的地方，树想在什么地方长就在什么地方长，想怎么长就怎么长，想长多粗就能长成多粗，想绿成什么样就绿成什么样。在家乡，树只生存在两个地方：村庄和坟茔。也只有在这两处，树才能存活，因为这是人出生和归去的地方，是人们苦心经营的地方，不能太苍黄了。每棵树有两样基本的东西：花朵与鸟，它们像结出的果实一样愉悦人类。这些年，树与鸟的不断消亡终于让人们恐惧了，因为人们终于发现这两样东西以长者的身份伴随人类这么多年，现在它们正每天以几种、几十种的速度消失。如果这个世界上只剩下人，人是会非常孤独的。而时间证明，孤独正是一个事物消亡的基本原因。没有树的村子，一定是古村了，没有树的坟茔，一定是古坟了。

或许是受这件事的影响，每每见到树我就感到亲切与友善。

村子里的树，这些年是一年少于一年。因为树只要长得大一点，就是木头了，就要被人们当木头用。而以前在村子里，一棵树从栽下到长成一根木头，需要几十年甚至上百年的时间。

小时候，村子里要三四个人才能搂过来的榆树、柳树是很多的，现在已经看不见了。进入二十世纪八十年代以来，人们兴起了盖房，打家具，这些都需要木头，就是一些小树，只要有胳膊粗，就做椽子了。在放倒村子里最大的一棵树时，母亲说村子里人都听到那树的哭声，几日不绝，树心有大拇指粗的一股水流了几日。但是，院子里的树和坟茔里的树是没人做木头用的，那是一种寄托，一种象征。

离开村子的这些年，每次回村子的时候，我总是要看看那棵树。马家塬已经被人们开了荒，在越来越旱的这片土地上，马家塬已经一片茫茫的苍黄，童年时的漫绿仿佛只是被打下凡间的神仙的一个梦境。但那树却依然如故。这使我明白过来，为什么一个离乡的人，首先记住的是村子里的树和鸟。前年的时候，我回村子经过马家塬时，那树不见了，我知道它被人们当木头用了。

没了那树，马家塬就更加苍黄孤荒了。我想，如果现在一个孩子走到这塬上来，一定会更加害怕了。

偷瓜

太阳刚刚爬上东山，还木木的，像刚睡醒的人脸上蒙着一层不真实的雾气一样，顺着地皮铺过来，飘忽忽的，像随风而动的水绸。大地上浮着一层薄薄的雾气，像苫盖着一层轻柔的素纱。在太阳的普照下，一丝一匹地挂向山头，升向天空去了。到了高远的天空，就成了薄薄的云霞。地上的草却个个精神抖擞，叶子像箭杆一样坚挺，平时披头散发铺展在地上的苁草叶子也是个个竖立起来。露水像青玉做成的串珠挂在叶秆上，晶莹剔透，草叶和花的香气要多清冽有多清冽，吸一口进去，凉爽、滑润，带着一种甜丝丝的味道。布谷鸟、麻雀、燕子、鸽子、鹞子、鹰、隼、野鸡……飞翔鸣叫，它们的歌喉显然是被那珍珠一般的露水浸润过，清脆、柔润、亮丽。伏在草丛中的花姐姐、蚂蚱、蝈蝈、丝虫、金牛……在阳光的抚慰下，从潮湿的睡梦中醒来，开始此起彼伏地叫起来。有一种虫子的叫声像一粒极小的石子溅在音质超好的铜锣上，百鸟百音，千虫千声，在山谷中萦荡。不时有黄羊、狐狸、野兔、黄鼠狼从一个山壕里蹿出，随即又遁入另一个山谷中去了，留下一个幻影。

我手里提着鞭子，跟着羊群。羊背上驮着阳光，个个金黄。羊群出了村庄，远离了庄稼地，就知道它们要去的地方，不用多费心。我不时甩一下鞭，山谷里传扬着“叭——叭——”的回声。皮鞭梢上挽了一截麻匹，用力一甩，会发出鞭炮般清脆的声音。

进入牛鼻山野，缓坡上的草茂盛起来，羊群就像一朵朵云一样散开在草地上。我也像一只羊就在草地上浪荡，时而跑到羊群的前面，时而落在羊群的后面。夏日草地上的花比春天要稀多了，多数草都在春天开花，夏天坐果。我寻找那鲜嫩的果实吃，酸酸甜甜的，涩涩苦苦的。

虫子们从地下走出来，蚂蚁总是那么忙碌，它们行色匆匆，更多的时间是搬运土粒修筑自己的家园。一只只蚂蚁衔着一颗小小的土粒，匆匆从洞里爬出来往巢口一垒，一转身又进去了，连洞外的风景也不曾多看上一眼。地上有一只死去的花姐姐，一只蚂蚁扭动着小小的身躯开始往起举，一次、两次、三次……放牛蛙像丢了牛，匆匆忙忙地来来去去，屎壳郎在牛粪堆里像郎中一样把牛粪做成丸药，然后推向洞里，为过冬贮藏起来。像放牛娃、屎壳郎、老坛子都是圆滚滚的身子，你将它们弄得仰面朝天，它们要一个时辰甚至半天才能翻过身来。蝴蝶、蜜蜂在花朵上起起落落地采花粉，鹰在高空一层层向上冲刺着，像一滴墨点一样，忽然它会抱紧翅膀一个猛子扎下来，很准确地抓起一只兔子或一条蛇。而隼会冲进鸽群，闲适有度的鸽群立时乱了阵脚，隼就是要搅乱鸽群的，然后去追捕那只离群的鸽子。几只喜鹊在一片草地叽叽喳喳起起落落，一定是发现了一条蛇。

草地上鸟最多了，一群一群的在坡地上啄食花蕊、嫩叶、果实，我开始追它们。除了呱呱鸡，不要说是野鸡、鸽子、喜鹊、乌鸦、鹰、隼，就是麻雀、蜂鸟也对人是不屑一顾的，它们允许你走到伸手就能捉到它们的地方，但你别痴心妄想，它们翅膀一展就上天了，翅膀淬了一层阳光，一下子就让一片亮丽灿烂。它们是那样的自由与骄傲，冲你丢下几声叫声，留给你一阵痴往与无奈。

呱呱鸡有可能被逮住。呱呱鸡不像野鸡那样苗条，每一支翎羽都充满了飞翔的欲望，呱呱鸡像家鸡，胖乎乎的，臃肿笨拙。它要飞起来，不像其他鸟一展翅便冲天而起，而要顺着坡往下疯狂奔跑——就像飞机起飞前在跑道上的冲刺，借塄坎或悬崖起飞。要想逮住它，必须一直逼它往上坡跑，它就飞不起来。但它有绝招，跑着跑着忽然不见了，原来它抱了一个土疙瘩压在身上。因为它的羽毛是土黄色夹杂着麻灰的斑纹，有时就把人迷惑了，但有经验的人很快就识破了。有的人抓住了会笑笑，一扬手让它飞走。早晨逮呱呱鸡是很难的，因为经一夜休养生息，它的腿子上翅膀上攒足了力气。追了一阵呱呱鸡，我又去追一只野兔。靠着奔跑人是追不上兔子的，它一纵就在几米之外了，而它一个非常舒适的转弯，就将你甩在十几米之外。不过追兔子有个窍门。兔子前腿长后腿短，要是顺着坡往上追，不要说是人，就是狗也追不上。但如果从山坡往下追，它跑得一快就顺着山坡滚下来。其实，我也就是追着玩玩，这么辽阔的大野，一个人是什么都追不上的。逮兔子和呱呱鸡，没有四五个人就是痴心妄想，而且要协同作战。

羊群顺着缓坡往上吃，我上了牛鼻山梁，我就是羊群的标杆，它们会向着我吃过来。站在山顶上，就能看到周围的庄稼地，豆地、麦地黄灿灿的，劳作的人们跪伏在地里，像在做一件虔诚的事一样。而糜、谷地绿得像一汪汪水潭，今年雨水广，庄稼长得喜气洋洋。小路像一条条蛇在原野游走，通向村庄和人家。

村庄卧在山旮旯里呆头呆脑的，一头脱圈的驴撒着欢子从村庄疯跑出来，沿着大路跑着跑着，忽然像想起什么，一个扭身斜冲着山坡杀了过去，一个欢子接一个欢子，后半截身子腾空而起，两只后蹄尥向天空，还不时高叫几声。

小晌午时分，太阳不再柔和了，暴烈起来，原野燥热起来，早晨显得坚挺的草叶子蔫了，卷起来，低头纳闷的。羊群不再那样安分，扎着头不吃草，仿佛是一朵一朵的云在风中往一块儿聚集，它们寻找到一丁点儿阴凉就扎成一堆，一百多只羊扎成了几堆。飞禽走兽大隐，虫子又躲到了地下，只把叫声放出来，那不是吟唱，而是嘈杂。

社员散工了，说说笑笑穿过庄稼地往回走，还有人在唱。通向各家的路就像一棵倒下的树的枝，人们就像一群蚂蚁，在那细枝末梢般的小路上一个个走散了，最后一个人消失在一座山包后，山野里就什么都没有了。天空、原野一下空寂孤荒了。

烈日像一把火伞罩着大地，没有风，风像是给这毒辣辣的阳光吸进去了一样，连最柔弱的狗毛樱子都不动一下。大地聚集了一夜的潮湿被蒸发起来，像烤鸡焖兔子一样，浑身所有的毛孔都在往外冒气，溽热包围着。嗓子眼里黏涩，像是给烟熏着，眼睛都在冒气，糊麻麻的看不清，揉擦过后不久又一片模糊。我把草帽扣到头上，不但遮挡不住那毒辣辣的阳光，反而憋闷得不行。我想找个有阴凉的地方，可是在这寥天地里，连一棵树都看不见。沟壑里有阴凉，可沟壑里看不到羊群，也容易瞌睡，倘若让羊跑到庄稼地里，那是要扣工分的，跑到别的生产队的庄稼地，那是件很麻烦的事。最可怕的是丢羊，一只羊要扣十几天的工分。

我想山头上该有风，爬上了牛鼻山头，也是一丝风都没有。坐在山头上四顾，山野一片空茫。另一个山头上有一群羊，却看不到人。我吼叫了几声，没有回应，我喊狼来了，除了山谷也没有回声。遥远的天空有几朵云，傻傻的呆呆的一动不动，把阴凉投在非常远的地方，像是娃娃的一泡尿洇湿了一大坨。

转过南坡，我忽然来了精神，山脚下有一块瓜地。那片翠绿仿佛一个深潭，清纯、鲜活。我就像一个流浪汉忽然有了目标，回头看看羊群，像潭死水。我向山下走去，向着那片瓜地靠近。肯定有看瓜人，在离瓜地不远处，我停下了脚步。瓜地里的西瓜像一群孩子，一个个顽皮地瞪着我，能抱一个出来，该是如何的快意？！

瓜地的西北角有一个瓜棚，四根木柱高高撑起的一个用树枝和麦秸秆搭成的鹊窝般的棚子，四下通透，能够看到瓜地的任何一个角落。我蹑手蹑脚地靠近瓜棚。我想看瓜的该是一个老汉，麦黄麦黄，绣女下床，壮劳力都抢黄天了。看瓜的要是一个老汉，他该是睡着了，这样的正午，他不睡着才怪哩，娃娃屎尿多，人老瞌睡多。如果他睡着了，那是多好的事，我咋能冒冒失失地惊醒他呢？可我一定得看到他。我远远地围绕着瓜棚在游走，我得先把看瓜人找出来。看不到，我又反身往山坡上爬去，直到与瓜棚平行了，我看到看瓜人了。他果然睡在瓜棚中，赤裸着上身，从他的睡相看有些老态，从树枝上挂着的一件老羊皮袄我断定他是个老汉，都入伏了，除了老汉，谁还用得着老羊皮袄。我心里踏实了。他睡没睡着呢？说不定他就那样躺着想心事哩。可我又不能用声音来测试他，如果他真的睡着了，我吵醒了他，该是多么糟糕的事呢。

于是，我从山坡上下来，再往山坡上走，一次离瓜地近一些，往返了几次，看瓜人还那样睡着，连姿势都没变。我心里暗喜，于是我进一步试探他，我向着瓜田靠近，一步一步地靠近，一直探到了瓜地的边上，他还是没有反应。

他一定睡着了。

我鼓足了勇气，一扑子扎进瓜地，瞅准一个大的，抓住瓜把“嚓”地揪了下来。西瓜把儿特嫩，水溅了我一脸。我顾不得擦，抱起瓜就往外跑。就在这时，背后传来一声大喝，就像晴天响了一声炸雷，我吓得几乎把瓜丢在了地上，但我没有放下瓜，而是抱着就跑。

我一口气跑出了老远，借大口喘气的机会我回过头来，看到看瓜人向着我追来。我开心起来了，看瓜人竟然是一个瘸子，而且年龄应该过七十了。他赤裸着的上身像给上了一层釉彩，在正午的阳光下泛着青铜的光泽。他的身体很壮实，圆乎乎的，在阳光下像个铜人一样。那瘸着的一条腿落地时很重，“腾——腾——腾——腾——”就像一个强壮的汉子打墙，高高地提起石杵，又重重地砸下，在空寂的山野发出很大的回声，我能感到山野都在震颤。

我充满了自信，抱着瓜跑上一阵，回过头来看看他。他一瘸一拐追着我。跑远了，我就回头来抱着瓜退着走，他一瘸一拐像兔子一蹦一跳地追赶过来，我嘿嘿嘿地笑着，他怎么就不想一想呢？不要说你是个瘸子，就是个正常人，一个七十岁的老汉要追上一个十二岁的娃娃，多么可笑。我真想给他讲讲老师讲过没几天的龟兔赛跑的故事。做贼的恐惧已经消失得荡然无存，我将西瓜向天空举几下，又往前跑，跑一阵，回过头来再向天空举几下，又接着跑。我像一只兔子一样欢快地奔跑着，我甚至有些喜欢这夏日正午空寂原野上的追逐了。我不时地回过头来看看一瘸一拐追来的他，向他举举我手中的西瓜，继续往前奔跑。当然，我也希望这样能把他气得放弃。人不服老是不行的。

我在前头跑着，他在后面“腾——腾——”地追，我都跑上半山坡了，“腾——腾——”的追赶声依旧传来。他始终没有拉开与我的距离。我只能回头将西瓜向他举了举，继续往前跑。无遮无拦的炎阳下奔跑实在不是容易的事，我的嗓子像吃过牛角辣子涩辣干苦，浑身的汗像水一样往下淌。不能再往坡上跑了，我平行着跑，从南坡跑到东坡。空气黏糊糊、热辣辣的像一块湿布子，往人身上缠着，我身上的衣衫被汗水泡透了直往身上裹。而他与其说是在跑，还不如说是在跳，一起一落是那样的匀称，是那样的舒展。

他为什么不停下来呢？

我又顺着坡往下跑，怀中的西瓜也不再是西瓜，发烧发烫，沉重无比，就像是被这烈日烧熟的石头。我已经没有力气把它向上举起。我的两条腿就像蒜辫子一样纠缠不清了，而他依然追来，“腾——腾——腾——”在这空寂的正午的原野形成巨大的回响，草丛中洞穴里潜藏着的小兽被惊动出来，在山野里乱窜，我的羊群也爬上了梁顶，看着我们，山野一下显得繁华而富有生机。

看得出来他没有放弃的意思，仿佛他丢失的不是一个西瓜，而是别的什么东西。他比这场追赶开始的我还自信。更让我感到可怕的是我感到他似乎乐意在这夏日骄阳下无遮无拦的原野上追赶。我拼尽最后的气力又向前跑了一截，背后“呼哧呼哧”的喘息声和“腾腾腾”的追赶声向我倾轧过来……

他要追到什么时候呢？但有一点我非常明白，只要他不放弃，他就会追上我的，一定会追上我的！他的追赶就像一场刮起来的风，我跑不出那风去，就像马在风中跑，马比风快，但马永远跑不出风的世界一样。

我不得不放弃，将瓜放在了地上，跑到半坡上，躺着大张着嘴呼哧呼哧地喘气。他到了西瓜前，抬起头看看我，又看看西瓜，然后像一个将军拎起敌人的首级一样将西瓜拎起看看，又将西瓜放在原地，抬起头再看看我，笑了一下，一瘸一拐地回瓜棚去了。

他归去的样子颇有些凯旋的意味。

魔幻篮杆

不知哪里给了点钱，村部就从老大队部那里挪到了猪头山前的平地上，盖起了砖瓦房，一溜排开六间房子，白墙红瓦，气派得很。老大队部就撂荒了，那一字排开的七孔窑洞便日渐破落，成了野狗野猫或者一些大牲口的休闲场所，依山辟出的大院子，足有四五亩大，平展展的，那是当年的铁牛五十五推碾出来的，前驱后退地滚压过，光洁、瓷实，现在也空落落的。秋上回去，才发现老大队院子已经被人当荒地一样开了，种上了大莜麦。看样子这家人要把这块地永远种下去。荒了这些年，被人踩踏了这些年，土地板结得厉害，需要种上大莜麦这类大根系作物来酥酥土的。就像一个人长时间不做农活，需要做一些粗笨的活计来活动筋骨。正是大莜麦扬花抽穗，那穗子上裂开的花儿，像吊着一只只小铃铛，白晃晃一片，给风一吹，真个好一派北国风光，细细听来，仿佛无数铃铛此起彼伏地摇着。

蹴在大莜麦地里，折一枝莜麦秆下来，从麦秆的中间划一道口子出来，那绿色的汁液依然是甜的，含到嘴上一吹，依然能吹出儿时的声音，然而心态却很不一样了。看那一排歪嘴豁牙的窑洞，就像一个上了年纪的老人，沿着墙根坐了一排晒暖暖，谝闲传，心里便涌上了一种悲凉，一种无奈，一种沧桑。

二十世纪七十年代，这里曾经是人山人海的地方啊，是我们大队十一个小队的政治舞台，充满喜怒哀乐。

或许是因为小，或许是生活太单调，这里带给我们这些孩子的快乐似乎要比痛苦多得多。

中央发出的“发展体育运动，增强人民体质”的号召，到了我们这里，就成了打篮球。于是这院子里就有了一副篮球架。当然不是专业的那种。那时候讲自己动手，丰衣足食，连篮球架也自给自足了。伐了几棵端直的杨树，几个木匠一凑，一副篮球杆就做起来了。于是这里除了开会，就是平时闲暇之时，也总是聚满了人。那时候日子是大家一起过的，队长说咋过就咋过，想操心的人也是白操心。于是从田里回来，人们便都聚集在这里，篮球成了村子里唯一的集体娱乐项目。

大人们打篮球的时候，我们就在边上扎成一堆，喊啊叫啊，谁家家人或亲戚投进一个球，谁就兴奋得像得到了水果糖一样，真正是一人进球全家光荣啊。大人们不打篮球的时候，我们就在篮下跳来蹦去。篮球稀缺，大队有一个，锁在大队长的屋子里。我们就收集了一大堆烂毛线，缠成一个又大又圆的疙瘩，砸在篮板上能弹回来，用力甩在地上，勉强能弹跳起来，但像带篮球那样拍、带是不可能的，只能带一两下。大人打篮球的时候，常常会排成队够篮板。我们崇拜那些能够上篮板的人啊，因为够着篮板的人篮球打得最好，投篮投得最准最多。

我们也像大人一样，排成一队一个一个跳着够着去摸那篮板。可是篮板太高，对于我们来说无疑是上天揽月了。因为太高，够不到渐渐也就觉得没意思了。就如天上的星星再亮晶，太高摸不到，便不会有人想着去摸它摘它一样。

有一年，雨多，地喝饱了，就开始汪水，那篮球架下面汪了好多水。等水干了，天气好起来，人们早就憋不住了。刘五的二爹篮球打得好，因为他个子高，跳起来能抓住篮环。结果那一天他抓到篮环扣篮时，篮杆就和他一起倒了下来。杨木篮杆埋在地下的一截朽了。大人就把那杆又往下栽了半截，照样能打。这下大人基本都能抓到篮环了，那场篮球就打得好不热闹，你扣完篮我扣，成了扣篮大比拼。

篮球杆往下落了那么多，我们中间就有人能够上篮板了。于是够篮板就成了我们的一个目标，够上篮板的就颇有些得意。在表现得意上，孩子永远是天才，从眼光到表情，从声音到动作，身上每一处都在表现着他们的得意。够不上的加紧锻炼，因此那年秋天，多数时候我们都在够篮板。篮板的高度，成了我们那个秋天唯一的高度。因为那是一个通过我们的努力可以达到的高度。有时候，都黑灯瞎火的了，我们还在够着那个高度，直到大人们在村里吼起我们的名字。

可是还不等我够着，大队长从公社拉回来了一副铁篮球架，稳稳当当地往那操场上一架，旧篮杆被放倒拆卸，改做了桌凳。我就再也没有够着篮板的机会了，那个篮板成了我童年唯一的高度了。有一段时间，我还到新篮杆下去够篮板，可是那实在是太高了，够啊，够啊，就是摸不着，渐渐地也就没了兴趣。再后来彻底没了兴趣。偶尔经过时，我们也跳一跳，但那仿佛只是在做一个模仿的动作。

在路上

一根烟

去了趟固原，在一个和我曾经生活过的村子没有什么区别的村子里，我接触到了一件大事。而这样的大事竟然来自于一根普通得不能再普通的香烟。

那是一个叫上庄的村子。村子里的老朱我比较熟悉，他曾经通过一个亲戚到银川找过我几次。人到了中年，总会遇到超出自身能力范畴而解决不了的事情。老朱便遇到了这样的事来找我。

和我曾经生活过的村子一样，慈眉善目的山形地貌、绫罗绸缎似的晚霞、串山而走的炊烟、徘徊于山口的夕阳、粗犷而缠绵的谣曲，以及村子里狗吠、鸡鸣、羊咩、牛哞……让我有了一种久违了激动。吃过老朱一家特意安排的饭之后，我和老朱以及一些乡亲都蹴在院子里的墙根下闲谝，熔金的黄昏苫盖在我们的身上，像蒿草苫盖在小鸟的身上。

虽然贫困依旧，但却因为纯真朴实而让我有些艳羡这种宁静而简朴的生活。

我掏出烟来，一根一根散过去。烟不是什么好烟，在城里是工薪阶层抽的普通烟。但在这个村子里的人看来，当然是上好的烟了。他们接过烟，都习惯性地拿到鼻子上闻闻，然后点着悠长地吸上一口，缓缓地吐出来。这吸烟的姿势在我看来，是十分的惬意，十分的享受。

那个叫朱光耀的，他双手接过烟，在鼻子上闻了闻，然后架在了耳朵上。我以为他没有带火，便掏出火机来给他点烟，可他忙摇摇头，又摇摇头。

我忽然间对他产生了一种厌烦，颇有些看不起他。因为我想他不抽烟，却把烟接了过去。他的这一举动让我想起了经常遇到的一些人，尽管有些东西对他们来说毫无用处，然而他们还都以占便宜的心态据为己有，仿佛不如此，自己就吃了什么亏似的。在城市，一些家庭堆满了无用的物件，拥挤的原因不是空间太小，而是因为闲物太多。我想他无疑是那种人了。

我们抽着烟，大家都像是做深呼吸一般，深深地将烟吸进去，然后又悠悠地吐出来，那是真正的品味与享受。可朱光耀就那样靠着墙站着，我们一根烟即将抽完的时候，他溜出门去，走了。

我看看老朱说："他不抽烟？"

老朱看看我说："抽，咋不抽，这个村子里哪个男人不抽烟？日子好了抽，难了抽，喜了抽，悲了抽，苦了抽，乐了抽，庄稼成了收，跌了年成了抽，连女人也抽啊，你没听那歌咋唱的？点上一根烟，赛过活神仙，一根烟点着了，一切都烟消云散了……"

我说："可他……"

老朱显然是看出我的心思来，就笑笑说："这个娃是个孝子，他拿回去孝敬他娘了。他有一个老娘，这世上老娘没吃过的东西他是从来不先吃的，老娘吃过了他才吃，这南北二川的人都知道，你给的这根烟他当然不抽了，他娘还没有抽过。她娘抽了一辈子烟。"

我被震惊了……

老朱长长地吁出一口气来说："这事看上去是件小事，其实大着哩，你说是不是？"

我点点头。

老朱又说："你说这事如果是小事，人人都该能做到。可这事谁又做到了呢？你说，一次两次还行，可经常这样谁能做得到呢？他就能做到。"

抽了一阵烟，大家都散去了。田家四季苦，农人瞌睡香。春夏两季大旱，到了秋天，老天爷开了恩，降了几场普雨，虽然是晚了些，但他们依旧有做不完的活计，一年庄稼两年种，庄稼不成年年种，人误地一晌，地误人一年，这都是他们背对着高高在上的苍天、面朝着厚厚的黄土苦出来的经验啊。

我独自一人沿着村子的山梁走着，山风掠过，有些寒凉，夜正从西山口洇过来，暮野四合，原野立刻晦暗了许多。四野沉沉，大地上氤氲着一种凝固的紫铜色渲染的秋意与野草杂合的苍茫，无边无际的寥远与空阔，山与壑之间流动着一种难以说清的气韵。远处的村子里传来几声狗叫，这村子里的狗便应和着，使山野立刻产生一种兴奋。之后便复归于寂静。有什么东西从山梁上跑过，把影子拉得很长。在山梁上回看村子，村子卧在山中，如一头劳作结束，卧在那里反刍的老牛。月儿正从一座山的背后爬出来，淡红的，有几朵去远远地托着……

“孔融让梨”“陆绩怀橘”都是为人子孙尊老尽孝的典型的例子，或许是因为其先入为主的教育意识，却远远不如这件事带给我的震撼大。一根烟或许已经化作烟雾尘灰了，然而，它带给我的东西今生也不会消失。

第二日我要走的时候，我要老朱带我去朱光耀的家，他看看我说：“你找他做什么？他肯定下地干活去了。”

我说：“我想给他一包烟。”

老马笑笑说：“你给他一包烟，就给了他一种负担，他会一直想着这一包烟，他觉得欠着你的情，咱这里人最怕欠人的情了，一根烟就无所谓了。”

我点点头，看看老朱，这个黑里透红只有眼角纹是白皙的汉子，他笑笑说：“好好上路吧，我要干活去了。”

当我爬上野鸡岭鸡冠子山的时候，我回头看看那个村子，看看那东歪西斜的屋子，我牢牢记住了朱光耀这个名字，也牢牢记住了上庄这个村子。

少年

夏日，干旱正无情地折磨着这块土地。车窗两边的土地上罩着一层薄薄的蝉翼般透明的浅绿，看不到农人，甚至看不到牛羊，看久了就感到沉重与沧桑。有几声花儿吼过来，也是干涩僵直的。

车到黑城附近，路上忽然横出一个人来，站在路中央，扬起的手臂如展开的鹰翼一般，使劲地摇动着，那架势让你不能不想起那些古代剪径者，仿佛在说：停！只有停，否则休想过去。

车停了，挡车人走上来时我才看清是一个少年。他提着一个破旧的帆布提包，上面有许多油渍。一双老式的褐色牛皮鞋很笨重地套在脚上，穿一件单衫，上面印有一只展翅的老鹰，下身穿一件已经很旧很破很脏的牛仔裤，口里叼着一根烟。

司机显然给他挡车的姿势惹火了，恶恶地说不要命了，挡车有这样挡的？

那少年瞪着一双眼睛，一动不动地盯着司机，司机终究有些不想惹事，他一定是怯于那少年的目光，便不再言语。车启动了，少年依然站在那里盯着司机看，许久，这才向着座位走了过来。他的目光机警而勇敢，他扫视着车上，不回避这车上任何一双眼睛。他的目光甚至带有挑衅的意味。他走到了我的旁边，将包放到了行李架上，然后盯着我看了足足有半分钟，直到我本能地将屁股往里挪挪，他才坐了下来。

我对他没有什么恶感，甚至喜欢他坐到我的旁边来，只是有点不习惯他看人时的眼神，那眼神总是带着一种初生牛犊不畏虎的英雄气势。他坐了下来，坐得有些僵硬，给人的感觉是一块石头落在了座位上。他摸出一支烟点着，深深地吸了一口，然后悠悠地吐出来。他吸烟的姿势十分老练而潇洒，应该至少有三年的烟龄了吧。那是一种低价烟，烟味很是呛人。

他吸着烟，那神情仿佛在思考着什么，又仿佛什么也没有思考，他的眼睛确实放射着鹰眼的光芒，纯净而刁野。“少年心事当拏云”，如此贴近，如此深刻，是谁的诗句我记不清了，但这句诗我却牢牢记着，因为我曾经少年过，而且这句诗也是在少年时期读的，此时此刻面对他，我又想起了这句诗。

我很想与他对话，他让我看到了我少年时期的影子，然而，他显然没有要和我对话的意思，他甚至坐下后连看我一眼都不曾有过，两眼只是一味地注视着前方——漫漫长路，仿佛我以及车上所有的人都不存在一样。

他吸完了那支烟，连过滤嘴的味儿都吸出来了。我掏出烟来递给他一支，他疑惑地看了我一眼，然后接过烟拿到鼻子上嗅了嗅，这才对我笑笑，十分真诚。

我替他点了，自己也点了一支，这才问道：“今年多大了？”

“十六！”

“要出远门吗？”

“出去闯闯！”

“怎么一个人出去？”

“一个出去不好吗？”

我不知道如何回答他，连点头或摇头的动作都做不出来。

他看看我又说：“一群人出去有啥意思，叽叽喳喳的像一群麻雀。”

我说：“去省城吗？”

他摇摇头说：“省城有啥意思，太小太穷。”

我有些惊讶他的这种说法，便问：“那你要去哪里？”

他甩了一下头上的长发说：“去南边，深圳、海南、云南……那边才有闯头！”

我笑笑问：“你知道深圳、海南、云南在哪里吗？”

他说：“在南边。”

我说：“南边是很大的。”

他吐出一个烟圈来说：“这我知道，它有美国大吗？说个不怕你笑话的话，美国我也找得到！”

我笑了，他说：“你不信？”

我点点头说：“这咋还不信呢。”

他就笑了。

我说："那地方的钱多，可那地方的钱不好挣。"

他说："钱多的地方不好挣也总比在钱少的地方好挣要强得多，那地方有钱的人很多。"停了一下他又说，"可谁一开始就是有钱的呢？"

看着少年，这个因对外面世界陌生与无知而充满自信与希望的少年，想到我的第一次出门，觉得他比我有一种更果敢更深刻的东西。

我要下车了，我想对他说几句什么，却又不知道该对他说些什么。车上正放着《祝你平安》，我想，这首歌权且作为我对他的临别的赠言吧。

下车时，我掏出剩下的半包烟想递给他，可想到他还是个孩子，不应该吸烟的。我又装了进去，握握他的手，他的手虽然稚嫩，但憨实有劲。我想起一句广告词来，就说："少年没有失败！"

他很扎实地点点头。

车扬起一道灰尘，向着前方奔驰而去。

冻 梨

那天是 2005 年 12 月 28 日，我出差去中卫。公事，自然免不了应酬。冬日的天气短得多，还不到六点钟，天就已经黑尽了，加上天气阴沉着，房子里的灯光全都亮了起来。既是领导也是朋友的局长说咱们走吧，于是我们就向着大街上来了。餐是订在一个叫同福居的酒楼，去同福居需要穿过一条小巷。

小巷的两边小摊点一字排开，各种瓜子、花生、水果一应俱全。那些小摊贩们个个筒着双手，裹在厚厚的衣服里面，一个个活像企鹅一般，只不过他们穿戴的几乎全是深色的服装。我们穿过那些小摊点夹着的小巷，向着同福居走去。在一个摊点前，我停下了脚步。我看到了冻梨。冻梨是这个地方的一种特产，在黄河拐弯处形成的一个岛屿上有，那个地方叫童家园子。据说这里的人是西夏党项民族在宁夏的唯一后裔，不过现在都是汉族了。我曾经去过那里，黄河围着那个岛屿，古木参天，走在那个百十户人家的村庄里，确实有这种感觉。那梨他们叫软儿梨，成熟后有成人的拳头大小，黑如生铁。却是不经放，一下树，放上三天，就全身酥了，一提那把儿就脱落了，梨肉酥成一摊梨浆一般。只能盛于碗中，用小勺取而食之。倘若口大之人，放一个进去，只需轻轻蠕动嘴唇，用不了几秒，便只剩下梨核。医学书上讲它确实有利痰润肺的药理功效。童家园子的人却有贮藏它的办法，能够放到冬日上市，那价钱就翻了一番。

摆摊的是一位老妇人，看上去有五十多岁，或者六十多岁，女人到了这样的年纪，就看不出年龄来了。她裹着一身军黄色的大衣，腰里扎着一条花花绿绿的布带，头包在一方大红的围巾里，看上去十分的醒目。她招呼着说：“冻梨，冻梨，利痰润肺。”她这样喊着，盯着我们看。

我在那里停了下来。拿起冻梨来看了看，它冻得如核桃一般，朋友说：“快走，快走，冻死了，这阵买上带到餐馆里一阵就化成一包水了，等会过来再买。”

这样说着，他就扯着我走了。

如果把喝酒说成是一项工程，一点都不为过。从开始的“相敬如宾”，到“推杯换盏”，再到“纠缠不清”，最后到“面红耳赤”，几个小时就那么过去了。而这中间，又因为飘起了雪花，确实增添了酒兴。窗外，雪花静悄悄地落着，酒兴越喝越浓了。这酒直喝到了十一点半，酒楼上的有几位服务生已趴在柜台上打起呼噜来，我们方才结束了。

从酒楼里出来，雪已落了一层，没有风，雪就那样落着，落在哪儿是哪儿，因此看上去到处都是白晃晃的。空气却十分凛冽，街两边的摊点已全都撤了，小巷就空旷了许多。

我们摇摇晃晃地走着，雪天的路灯要明亮一些，因为有雪映衬。我就看到那老妇人还摆着摊点，她跺着脚，在地上摇晃着，她一定冻坏了吧。迷迷糊糊的路灯下，她头上、身上覆盖着雪花，都成了一个雪人了。他的旁边是一个老人，抽着烟。想必是她的老伴吧。他们已经把东西收拾完毕装上了一辆三轮车，只有冻梨还押运在外面。经过那摊点的时候，她招呼着说：“冻梨，冻梨，利痰润肺。”我们看了她一眼，就走了过去。这时我听见那老妇人说：“他们说过等会要来买的。”

“现在的人哪有实话，你还当真的不成，大冷的天，白等了几个小时。”

“好了好了，不就是几个小时嘛，哪里那么多的闲话。没看他们都喝多了。”

我回过头来，向着那摊点走来，我掏出一百元钱说：“给我来一箱冻梨吧。”

她怔了一下，那老头立刻从三轮车上抱下一箱子说：“都用胶带封结实了，好带，好带。”

那老妇人说：“看你也不是本地人，你买这么多，一热加上三摇两晃的就化了，回家吃不了几个。”

我说：“没关系的，回家再冻上。”

老头说：“人家家里有冰柜，你操个啥心。”

那老妇人还在那里踌躇着，老头已经把找好的钱递到我手里，梨箱子也递到我怀里来。我抱着梨箱子准备走时，老妇又说：“到宾馆里，放到窗台上，你们那屋子一定很热，一热就坏了。”

我走出几步后，就听老妇人对老头说：“一定是你高声大语说话让人家听见了，你这不是为难人家吗？买一箱子梨，你让他咋弄？化了就都糟蹋了。”

老头说：“你看你操的这心，那些人就是扔了一百元钱也不心疼，他们是有钱人。”

老妇人说：“话多得很，快回，村里路不好走。”

他们是郊区的，应该有十几里路程吧。

回到宾馆，枯躺床上我想，为了一句话，他们等待了近六个小时，而那话竟然是我们不经意说出来的。又想到已经过了不惑之年，在我走过的这些年月里，不知道我无意说出来的一句话，是否也让别人还在等待呢？

人生常常就是这样，自己说过的话自己已经不记得了，可是别人却依然记得，但他们绝对不会再提起这句话来。

军马祭

1975年的夏天，队长从公社里拉回一匹马，它身材高大，魁梧，块状的肌肉像隆起的岩石，全身纯白色，只在脑顶有一撮黑毛，非常醒目，像一只眼睛。

马拉回来就拴在大队部的一棵老柳树上。那是一棵已有百年高龄的大树，硕大而茂密的墨绿色树冠与纯白的马形成了强烈的反差，使马仿佛玉石雕成的一般晶莹剔透。

人们都围着那马。马立那里，精神抖擞，仿佛在接受检阅一般，它甚至有些傲慢，高昂着头，两只尖而小的耳朵端竖着，胸脯挺得直直的，肌腱与筋脉从那洁白闪亮的绸缎一样滑润的毛皮下显露出来，齐刷刷的长鬃从脖颈的一边披落下来，像春柳纷披的柔枝或少女披下来的长长的秀发。那马在夏日下午的阳光里如玉石一样熠熠闪耀，给人感觉它就是马，不是骡子，也不是牛，更不是驴。它不时地高仰长颈长嘶一声，那声音洪若钟鼓，整个村子都回荡着它的嘶鸣声。人们都向后退一下，仿佛一个旋风刮过。

村里的马，黑的黄的红的，也有白色的，但因长期的汗渍、尿渍和尘土浸染成了差别不大的土黄色，斑驳而沧桑，一副萎靡而焦苦的模样，似乎和牛、驴、骡子没有不同。因此这匹马的出现让人们颇为惊奇，这种马人们只在画上才见过。那时候流行一种年画，是几位开国伟人骑着马的画像，这匹马便如那些马一样英俊、威武。

父亲走到军马跟前，试探着摸那马，它一动不动。父亲艳羡地说：“啧啧啧，这狗日的咋长的？你们说咋长的！你看这骨架，多板正，你看这鬃，多整爽，有三尺长吧，你看这毛，多干净，缎子一样，你看这蹄子，有老碗口那么大吧，这才是马，真正的马。”

父亲这样说着，村里人都发出啧啧啧的赞叹声。

队长对大家说：“这是军马，备战，上面交代这是一项政治任务。”

村里人都说：“军马？那一定打过仗。”

“肯定打过，你看这架势、这精神，说不定是将军骑过的。”

队长指着那马对父亲说：“这马由你喂。”

队上的牲口是分在各家各户喂养的，父亲喂养牲口是出了名的。他是把牲口当人看待的人，也是个懂牲口的人。喂牲口的时候，父亲总是喋喋不休地和牲口说话，我说大，你说的它们听得懂吗？父亲说听得懂，它们也听懂人的话哩，只不过人都以为它们听不懂，喑哑畜牲不会说话，但心里明着哩。只要是父亲喂养过的牲口，没有不听父亲的话的。缺粮的时候，吃牲口料是常事，但父亲从不这样做，即使低标准时期，父亲也从不克扣牲口的料。低标准的第二年，遇上个瞎年馑，到老历二月二，村子里已经开始刨草根剥树皮了。二月二，龙抬头，大人娃娃剃光头，家家户户炒豌豆，男男女女动筢耧。二月二是个节气，炒豌豆显然是含有祈祷和祝福的意思。二月二一过，蛰伏了一冬的龙抬头了，一切就都复苏了，人们就开始种庄稼了。可是家里豆子早做口粮吃光了，连看的豆子都没了。豌豆是牲口的上好饲料，也是我们的重要口粮。过了二月二，地里的活就开了，牲口就该下大苦了。缓了一冬的牲口如果不加料，是拉不动犁的，更别说拉送粪的车了。队里按照家家户户喂养的牲口分了些豌豆给牲口加料。可是豆子分到了家，家家都炒了豆子吃。父亲坚决不让炒豆子，父亲说人吃豌豆几个响屁就放光了，牲口比人的苦大，吃上却长劲哩，炒吃牲口料，损阴德造孽哩，这季节的豌豆对牲口来说是金豆。

父亲盯着队长嗫嚅着说："这么大的任务，我怕是喂不好。"但他的手依然在摸马，轻轻地一下一下地抚摸。

队长拍军马一巴掌说："军马也是马，不是老虎，你怕个㞞，一年多给你一百个劳动日。"

父亲二话没说拉上马就往回走，他边走边说："没有我喂不好的牲口。”

我正值放马的年龄，干不了挣工分的活。家里只要有劳力，不用别人催你，都要下地干活，不下地干活，挣不上工分，年底分不上口粮，要挨一年的饿。但有了军马，我就有了活。父亲拍了一下我的头说：“好好喂马，一年一百个劳动日，一个假期你狗日的吃粮穿衣就自己挣回来了，再也不是吃闲饭的人了。”

夏天，是牲口受罪的时候，上午天刚一明就开始犁地，两头牲口扯着一张犁在山塬上翻过来翻过去，尤其是伏里天，犁头上有肥哩，伏里天戳一椽，那些茂盛的草翻埋进土里，就沤成肥了。所以说顶得秋上犁半年，地犁得越深越勤，地就歇得越好，第二年的庄稼越旺。犁到下午一点，牲口们才能卸了套，饮过水便赶去草地上放牧了。

军马不参加犁地、耱地、拉车的劳作，大家都知道它是要驰骋疆场保家卫国的，而不是干犁地这类活的。所以我得整天拉着它去草地上。

清早，露水中的村子在鸡啼声中忙乱起来，太阳从东山上含着嫁娘的娇羞升上来，等它离开山畔，升向天空时，我开始把军马从圈里拉出来，一出圈它总是仰头对天长啸一声，然后打几个大大的喷嚏出来，便开始将自己的身体往长拉，似乎每块肌肉都在用力往外扯，前腿与后腿扯得那么长，脖子也往前抻拉。骨骼筋脉发出咯吧咯吧的声音，那样清脆有力。

阳光柔柔地从高空泻落下来，每个草尖都顶着一星一点的阳光，像佩戴着上好的玉饰一样，每株草经过一夜潮气的滋润显得特别精神，直挺挺地竖着，每个叶片像金箔一样闪亮，鲜嫩无比。花儿顶在草尖上，摇晃着小脑袋，艳艳的，整个草地上珠光宝气，显得十分华贵。一些虫子开始鸣叫，各种叫声不像正午时那样混乱嘈杂，而是单纯而有规律的卖弄，比赛似的，都很谦让，你鸣罢我登场，清脆而婉转。鹧鸪、野鸡、鸽子、鹞子、老鹰在天空振羽飞翔，兔子、田鼠、黄鼠狼等在大地上奔蹿，狐狸站在山峁之上，抛一个媚眼过来，然后远遁而去……整个草地显得富有而华丽。那个时候，我们的大地和天空生动而繁荣。

我拉着军马踩着米黄色的阳光走向绿色的草地，骨子里涌动着兴奋与自豪，现在想来那种感觉是出征或者远行的感觉。因为军马就在我的身后走着，它目不斜视，昂首阔步，威武而遒劲，两只小耳朵特别精神地竖着，蹄声清脆，富有节奏，整爽的长鬃挂满阳光。它不像队上的马走路的时候总是低垂着头，嗅着地上的泥巴或尿痕，耳朵像煮熟了的牛筋，软稀稀地耷拉下来，步子散乱而疲惫，总是往旁边的庄稼地里扑，叼上一口庄稼。非要你用鞭子不停地抽打才能上路走向草地。

进入草地，我坐在一边看着它吃草。它一口一口地啃食着草叶草茎，它的嘴巴像一个镰刀，不是追撵着高草，而是齐刷刷地一下一下割过去，它身后的草地总是那样的整齐。它决不吃回头草，就像一位细致的庄稼汉收割粮食一般，非常自信自己割过去的地方没有落下一粒粮食。它一路吃过去，连同明媚的阳光一道吃进肚子里去了。但是它不吃花，到了花跟前，它会闻上一闻，然后绕了过去。因此它走过的草地总是鲜花灿烂。

看着它在草地上，我常常会小看我们村子里的马，它们生活得十分潦草脏乱，以至于把我们的草地都弄得脏乱不堪。

小晌午时分，阳光开始暴晒起来，虫子不再像清晨那样卖弄自己的歌喉，而是烦躁地乱叫，仿佛是对酷热的一种控诉。这时间那些马蝇牛虻被饥饿从阴湿的睡眠中唤醒，开始活动，它们的活动对象就是大牲口和人。被它们叮咬过的地方立马就肿起一个指头蛋大小的包，奇痒无比。牲口们遇到这种东西既恨又无可奈何，又是甩尾乱扫，又是趵蹄踩踏，又是转圈喷咬，甚至以奔跑腾跳来逃避。那种慌乱，那种恐惧，滑稽而又狼狈。可军马则是在虻蝇到来之后，并不轻易甩尾，而是直挺挺地站在那里，两只耳朵警惕地竖着，仿佛训练有素的杀手，把准时候，一尾扫过，马蝇牛虻便雨点一样落下来，有几只十几只。

军马吃饱之后，不像队上的马横卧平躺，伸着懒腰打滚，将全身弄得脏兮兮的，毛也绣在一起，与炕上铺的浸满尿迹、汤渍的毛毡没什么两样。它总是昂首挺立站着，看着远方。我总是在想，它一直看着远方，远方到底有什么呢？远方还是山呀，就是过了山也还是山。偶尔它要卧下来也是四只腿着地，趴在那里。因此它的身上总是很干净，那毛总是雪白雪白的，远远的就能看见它英武的身姿。

薄暮时分，我拉着马回家，狗尾巴草在习习晚风中赶羊儿一般将草地摇曳成一片梦幻般的洁白。军马跟着我，十分随意，我快了它也快了，我慢了它也慢了。它不时长嘶一声，山塬就久久不息地回应着。

既是军马，它就应该奔驰，像闪电一样，像狂风一样。我多么希望能够看到它真正的奔跑。我在电影里看过不少马奔驰，那样子多么令人神往。三爷看着军马说它一定是从草原上来的，你看这肌腱，这骨架，只有在草原上生长的马才这么匀称、结实、流畅。我也想好马应该来自非常宽阔平坦的地方。三爷是去过草原的，他是脚户，新中国成立前一直赶着牲口走口外，给大户财主运送货物，曾经在口外生活过许多年，新中国成立后才回来。他见过真正的草原，他在真正的草原上骑过马。三爷喜欢给我描述草原上的事，他说草原平展展的。有多平，像炕一样平。草长得有半人高，看上去像水一样晃眼，风一吹整个草原就像水一样流动，银花花的，羊就像花一样显现出来，云白水亮的显眼。三爷在描述草原的时候，他的表情充满了回忆与向往。他会唱那首《敕勒歌》：

敕勒川，
阴山下，
天似穹庐，

笼盖四野，
天苍苍，
野茫茫，
风吹草地见牛羊。

几年后我就在中学课本里学到了。

我们都相信世上真有那么平的地方，而山全集中到我们这里来了。我们这里没有马撒开奔跑的地方，到处都是山，一抬脚不是上坡就是下坡，即使相对比较平整的山塬，也到处是壕沟，能有二三里远的一截没有壕沟，那就是好地，是吃饭过日子的宝地了。

我一遍一遍想象着军马在草原上奔驰的情景，但那只是一片模糊的景象，风一样的模糊。因为我们对草原没有实质意义上的理解与认识，虽然我们的老师在讲到前面那首民歌的时候，在讲《草原英雄小姐妹》的时候，我们只是在想象中理解那是一个非常平坦的地方，上面长满了草。

有一天，我终于看到了它的奔跑，真正的奔跑。

那天，我在山坡上放马。几个伙伴说下午我们到东塬上去放牲口吧，那里草厚塬宽。大家都相应了，于是下午牲口都卸套后我们便赶着牲口向着东塬走去。

东塬很大，是我们这方圆最大的一个塬。我们将高起来而平坦的地方叫塬，显然不是草原的原。

东塬离我们的村子很远，有十几里的路程。东塬荒着，只有塬畔上有些许糜谷和胡麻，因为地势相对较高，气温低凉，相对湿润一些，加上因为远，我们一月半载才上塬放牧一次，因此草比塬下长得旺盛多了，看上去绿得无边无际。三爷说过一到东塬就能闻到草原的气息了，真正的草原就和这里差不多，只是比这大多了，大得让人不知道有多大。

塬上，飘荡着蒿草的气息，胡麻淡蓝色的花的宁静和油籽艳黄色的花的奔放漫卷着山塬，使山塬显得那样壮美气派。当山风吹过，庄稼和草像奔跑的羊群一样顺风向前涌动着。

我们将牲口群赶到塬上，觉得自己都精神了许多。一上塬，牲口们扑到草地上，张开贪婪的大口，吞吃起草来。

可军马却不看脚下旺盛的青草，而是向远处望去，两只蹄子在地上刨着，好像壮汉敲鼓一般有力，让人感到大地在它的蹄下颤动。它高仰着头，长嘶一声，两只前蹄用力地攀向天空，像人一样站了起来，那鬃立时就飞扬了起来，尾巴直伸，与脊背形成一道端直的平线，似乎每根鬃毛都充满了力量。它一声长嘶，箭一样蹿出去。仅仅在我一呆一愣之间，它已经在十几米之外了。

我们都愣了。

它奔驰起来。前蹄与后蹄扯在一道线上，下颌努力地向前伸去，身子拉得那样舒展，比平时长出几倍。浑身所有的部位都在努力向前，那尾巴像拖着的一个扫帚。鬃毛飘逸。草地上像卷过一道旋风一样，将草与庄稼扇开一道扇形，它的蹄下扬起一道淡淡的尘带。那不是在跑，而是在跃，不是在大地上，而是在天空中。

塬虽说平整，也只是相对的，是一截一截的平整，这种平整实际是起起伏伏的平整，平整与平整之间有梁峁谷壑，只是平缓一些。军马，像一只银灰色的狐狸背负着阳光在奔驰，倏尔出现在一个梁顶，倏尔又隐入一个壑谷。时隐时现，时现时隐，越来越小了。

我们都惊讶地呼叫着，在我们的呼叫声中，它已经消失在我们目光尽头。那仅仅是十几分钟的事。

当我从军马奔驰带来的兴奋中清醒过来时，哇的一声就哭了，我想它一定想念它离开的地方了。可它跑了我该咋办？伙伴们都不敢说它回来还是不回来。其他的牲口在抬头看了军马一眼后，复又垂下头去吃草了。

三爷走过来说，不会的，它会回来的。它是军马，很守规矩的。

我依然哭着说，我没打它，它就跑了，我没打它，它就跑了。

三爷说它一定是闻到了草原的气息了，一定是的，这方圆就这里能闻到一丝草原的气息。

我说，它跑了，我没打它，真的没打它。

三爷说，它会回来的。

就在我觉得天昏地暗的时候，二喜喊了一声，它回来了，你看，它真的回来了。我向那边望去，果然它出现在一个峁顶上，打了个站立之后，箭一般向我们这边驰骋过来。我们都欢呼起来。它像狐狸，更像一只豹子。在离我们最近的一个峁顶，它打了个站立，仰天长啸一声，然后直直地扑将过来，我们都吓得往开躲去，怕它刹不住。可是它到我们站的地方，四只蹄子像钉䥫一样抠进地里，铲起的土块四处飞溅，然后稳稳地站在我们面前，浑身的肌腱像岩石一样隆起，血管像秋日肥沃的土地里爬满了粗壮的蚯蚓，一道一道从那光滑的皮肤中突现出来。然后又是一声震撼东塬的长啸。稍时它浑身轻松舒展开去。它将头伸过来，嗅嗅我，伸出长舌来舔舔我的手背，这才吃草去了。它浑身流着汗，豌豆大的汗珠蘸着阳光一滴一滴落下。

“啧啧啧，它要用多大的劲儿才能停住？你看这蹄窝，有老碗口那么大，这么深，像是镢头刨出来的一样。”二喜说。

三爷说：“军马是训练出来的，为了停下来，有的马把腿都窝折了。”

我抹了两把眼泪说：“这么大的塬，它这么快就一个来回，它能跑多快？”

三爷说：“要是在大草原上，它一个时辰能跑上百里。”

从此，我便恋上了去东塬放马，虽然那里离我们的村庄很远，但因为军马，我们都喜欢下午其他牲口卸套后上东塬去。而且我能感受到它对东塬的喜爱，它走向东塬就向上战场一样雄武。一上塬，它每块肌腱都会隆起，每条筋脉都会炸响，我们相信它把东塬当成了草原。也是在那时，我对草原的气息有了认识，那是平展的大地上牧草青翠鲜花开放混合出的浓郁的香气组合成的气息，狗尾巴草梦一样摇曳着铺向云白水亮的蓝天。从那时起，我们都把东塬叫草原了，而在以后的日子里，当我真正到了大草原上的时候，我才发现我们的“草原”其实仅仅是草原极小极小的一角，与真正的草原相比，它就像一滴水和一片海的关系。与此同时，我也真正为我曾经小看的家乡的马抱屈了。

那是二十世纪九十年代初，我有幸到了鄂尔多斯草原之上，草原的辽阔、健康、丰富、壮美让我这个从小就在山的襁褓里长大的人惊讶无比，茂盛的草与花洋溢着醇烈的香气，每个叶片都充满了精神，遥远的地方闪动着水雾一样的东西，大地呈扇状放射开去，鹰在上空盘旋，鹰使天空高远，使太阳渺小，使草原宽阔，使遥远的山峦磅礴……

在一位朋友的帮助下，我看到了真正的马群在草原上的奔驰，那是草原上真正的舞蹈，是力与美的舞蹈，是为苍天演出的舞蹈，是为太阳演出的舞蹈，是集合了大地之灵性的舞蹈。牧者一个彻天而响的响鞭，壮美的马群仿佛听到了一声召唤，在草原上涌动起来，像被聚集起来的洪水一样，没有方向的嘶喧、冲撞、纷乱、腾跳，一团乱麻一样扭扯在一起，不久之后便渐渐理出头绪来，一匹红鬃马像破闸的第一股洪水冲出来，于是整个马群便像决了口的洪水一样奔泄开了，每一匹马就是一个浪头，整个马群起伏之间让我感受到海的气势，蹄声开始整爽而富有节奏起来，那是浪潮涌动的整爽与节奏，草原在我们的脚下颤抖。

马群的奔驰让鹰感受到了召唤，它贴着马群疾飞，正是夕阳西下之时，落日熔金，昏黄的阳光水一样泼洒下来，马群被涂上一层壮观的金黄色。

马群迅疾的速度让我对草原之大有了具体的认识，当马到达我们用眼睛丈量出的草原腹地的时候，我们再也看不到马群的速度来，马群完全是静止的，油画一般凝固在草原的腹地，像一泓黏稠的金液。

朋友说马在草原是天之骄子，人是什么都不算的。

朋友说在草原上看过骏马奔驰的人，都有一种想法，如果真有轮回转世的话，他下辈子想做草原上的马。

我点点头。

从鄂尔多斯回来，我心里久久难以平静，我才明白草原对于一匹马意味着什么，那完全是一种真正的家，真正的归宿。也明白了在我们那里为什么就生长不出来那样的马。也认识我们那里的马受了什么样的罪，遭了什么样的孽了。

正是因为我们对周围牲口的漠视而使我们对军马产生了新奇感，继而产生敬畏。从草原回来之后，我就再也不敢漠视我们的马，甚至是我们那片土地上任何一种牲灵了，如果真正有老天爷或者上帝的话，它们是作为人的苦力降生在我们这块干旱焦苦的土地上，成了我们活命的奴隶。

奴隶，是值得尊敬的。

军马真正的奔驰，让我们产生了骑它的向往。在那样奔驰的马背上，该是一种什么样的感觉呢？可是我们终究都不敢骑上去。毕竟它的奔驰与我们见过的奔驰有着很大的距离。只有父亲偶尔会骑骑它，也只是在村子里溜达一趟。我就缠着父亲。父亲说好牲口通识人性哩，尤其是马，马是汗龙，龙有不识人性的？父亲拉着它让我骑。有父亲在跟前我胆子就正了许多，尽管这样，起初骑它的时候，我心里依然害怕，虽然村子里的大牲口我全都骑过来了，包括一些有脾气的烈性子牲口。在我的印象中，村子里的马和牛、驴、骡子没有什么不同，但它是军马，上了马背我不敢乱动，小心翼翼地骑着它，由着它的性子想咋走就咋走，不敢命令它，更不敢用鞭子。尽管三爷也对我说马只要成了军马，只会让人更舒服，不会摔人的。

慢慢地离开父亲我也敢骑了。骑在军马上，我有一种在水里的感觉，就像人随着水波一漾一漾的。它走得稳而快，仿佛是要上路远行一样，眼睛总是盯着远方，不像其他的马，与驴与骡子追咬，或者撵蚊子，叼吃路边的庄稼，再不就是头杵在地上闻尿摊，然后将嘴巴高高扬起来。用鞭子抽急了，便是一阵小跑，一前一后地乱颠，铲得人沟壕子里发烧发烫，有几次，我的沟壕子都让马背铲烂了，站的时候总要将腿叉开，否则烧疼烧疼的，娘便撕一团新棉花出来让我夹上。

从军马那次在塬上奔驰过后，大家都说这狗日的一定打过仗，你看它跑起来那架势，冲锋一样，要真正能骑上溜一趟那是啥事！

我说：“谁敢骑上它溜一趟呢？”

没人敢骑，大家都觉得它跑起来不要命，太疯了太狂了，好像脚下没沟没壑平坦如砥一望无际一样。

有一天，三爷把羊赶到远离庄稼地的沟壑里走过来说：“我骑一趟给你们看看。”

我鼓足劲说：“把我带上。”

三爷说：“成。”

当我和三爷跨上它的背时，军马立刻两耳高竖，像是在等待着起跑的命令一样，三爷一抖缰绳，它在一声长啸之后便驰骋起来，那起步就是一跃，就是这一跃也在十几米之外了。那长长的鬃毛，全往背部飘来，却并不贴在背上，整齐而不蓬乱，仿佛给梳子梳理过的一般，一根一根的，根根都像在奔驰。立时我就觉得两耳呼呼的，仿佛刮起了疾风，而此刻整个山塬上一点风都没有，仿佛那风是从那鬃毛中卷起来的。整个东塬呈扇面展开，像是在镜子里一样，草和庄稼都模糊成一片绿海，飞速往后流动。军马不是在跑，而是在飞跃，一起一落的，稳健、飘逸、洒脱。那感觉就如同它不是在大地上奔跑，而是在水中游弋，它在跃起又落下的那一刻，你感觉它不是落在坚硬的大地上，而是在水上云上海绵上一般轻柔，一点都感觉不出震颤来，而那起落的蹄声，却分明是落在了金属之上，清脆，刚劲，有力。

三爷说将身子往下趴，小心风将你叼走。

我听到三爷的声音好遥远好遥远，就像大风天吃炒面，刚一张口，风就从你的嘴里掏走带远了一般。

一趟回来，当三爷和我从马背上下来，我的身上已经让汗水洗了一般，三爷也是汗水淋漓。三爷说好久没这么跑过马了，真过瘾。

军马在草地上吃草去了，三爷忽然长叹一声，盯着军马的背影说这马可怜哩，一匹离开草原的马，就像一个离开心爱的女人的男人一样可怜。

我说它不犁地拉车，可怜啥？

三爷说真正的可怜是看不出来的。

我迷糊地盯着三爷——这个老光棍，三爷摸摸我的头说你不懂，你还小。

有了这次经历，我骑军马的胆子大了起来。然而，我终于被军马摔了一次。有一天，我照旧到东塬上去。胆子是练出来的，况且我发现它很喜欢人骑它，上它的背时，它站得那样的稳，而且十分配合，因此一上塬我就骑上了它。可是刚刚起步飞奔起来，忽然它扑通一声就跪卧在地，将我从头上掀了下来，扔出三四米那么远。膝盖上胳膊肘上的皮给跐破了，流着血，但我顾不得疼痛，爬起来扑到它跟前。它伏在地上一动不动，我吓坏了，以为它得病了，这可了不得。我拉它拍它，它仍然伏在地上。我不能不哭泣，这是一件可怕得想都不敢往后想的事情。可是就在我坐在它身边哭泣的时候，它忽然站了起来，并把头伸向我，把满嘴青草的芳香喷在我的脸上，做出让我继续骑它的姿势。我却不敢再骑它，不是怕摔，而是怕把它骑出病来。黄昏来临，它显得安静而祥和，高高地挺立在塬上，并不时长啸一声，没有表现出有病的迹象，我悬着的心放下了。回到家，我不敢向父亲提及这事。

自从队长骑了一次军马去公社开会回来，便再也不骑他那辆自行车了，军马便成了队长形影不离的代步工具。队长有全队唯一的一辆自行车，不论走哪里，总是骑着，因此他有汉奸的绰号，因为那时电影中的一些汉奸总是骑着自行车。他说这狗日的真是驮人的东西，比坐在北京吉普上还舒服。从此，就能看见队长时不时骑在军马之上了，并吼出几声高亢的歌谣来。队长将军马收回去由他喂养了。我心里充满了对队长的怨恨，心里诅咒他总会有一天要让军马从身上摔下来，狠狠地摔上一跤。

终于有一天，队长让军马从背上狠狠地摔了下来，胳膊脱了臼，挂了好些时日。但队长却并没有因此而迁怒于军马，而是不停地咂着嘴唇啧啧啧地说你说这狗日的咋就这么灵，飞机过来，它都知道躲避，趴在地上一动不动，比人还会卧倒，卧得那样展，跟地面一样平。我这才恍然大悟，那天我摔下来的时候，确实有飞机从头顶上飞过，而且很低，能够看到飞机上面红红绿绿的颜色和大翅膀上面的小翅膀。后来队长又说这狗日的能跑过暴雨哩。有次他去公社开会，回来的路上，他看到背后的暴雨夹杂着冰雹过来了，他抽了军马一鞭子，进了家门抽了锅子烟，暴雨才赶上来，那样的雷声，那样的闪电，要是别的马，早屁滚尿流、稀屎乱溅卧在地上了。再后来人们都见到了军马听到学生娃吹号就奔驰。

军马到了队上的第二年，上面再也没人提到喂养军马是政治任务了。一头老骡子死了，与它配套的一头骡子闲了下来。一年的庄稼两年做，犁地是我们过日子最重要的一环，不能停下来的，可是一头骡子是拉不动一张犁的。队长说把军马套上吧。

军马给拉到了场上来，当老刘给它套套绳的时候，它不让套绳上身，鼻孔喷着粗气流，仿佛非常生气。老刘硬要套它，它就像给惹怒了的一个倔犟的汉子，大发脾气，两只铁铲一样的蹄子乱尥起来，将坚硬的场上的地面刨得土片飞扬，连搭在它背上的套绳都给踢断了，老刘也给踢伤了。老刘想不通，他使了一辈子的牲口，没想到让牲口给踢了。

队长去给它套套绳，它仍然又踢又跳。仿佛人们要用绳索将它捆绑起来一样，队长围着马走了几圈，又试了一次，还是不行。后来它看到只要拿堆套绳往它跟前一走，它就又踢又跳，直立起来，高昂着头嘶鸣不已，像含着多大的委屈似的。

队长看着这马良久，说这狗日的像人一样有思想哩。他抚摸着马说兄弟呀，到了我这里你就成了牲口了，牲口有不犁地的吗？可军马依然昂着头嘶鸣，两只前蹄不时向天空攀去。

队长说算了吧，就白养着它吧。

此后，这匹马就成了队长的专骑，一直到两年后包产到户。

牲口是我们那里的重要劳力，而犁地拉车是牲口最重要的活路。包产到户时，牲口要往各家各户分，军马也作为牲口归在了牲口群里接受分配，可是分给谁谁都不要，因为它不犁地，又不拉车，我们那里养不起这样的牲口。第一轮子分过，就剩下一些老弱的牲口，军马也在其中。其实军马正当年，并不老迈。到了第二轮子，人们都硬是要一只眼睛瞎了的老骡子，也不要军马。队长见分不下去，就说那就抓阄吧。

大家都小心翼翼地摸着那堆纸蛋，好像里面隐藏着地雷似的。然而，抓到军马的却是我的父亲。父亲拿着纸蛋苦笑着说咱还真是有了缘分了。话虽然这样说，但显然在分牲口上我们一家已经吃了大亏。不犁地的牲口在我们那里是很不值钱的，军马分到我们家，我们家等于折了两千多元的财呀！父亲内心的痛苦是可想而知的。

家里分了一匹好骡子，如今又分了一匹不犁地的军马。牲口不配套，庄稼咋做，日子是离不开犁地和拉车的牲口的。军马拉回家，父亲抽着烟一句不说，大哥说卖了吧，再添上几个钱买头骡子。父亲依然不说话。

包产到户是冬天开始的。到了春天，地里的活路开始了，又试套了几次，依然不成，父亲不得不面对现实。我们要去卖马了。

晚上，我出来看着军马，月光下的军马真如纯玉雕刻成的一样，当我把它拉进窑里时，我禁不住泪水迷蒙。第二日，父亲和我一块儿去集市上卖马。

集市上，被买卖的牲口很多，我同时发现了好几匹这样的军马。打问打问价格，要比一般的大牲口价钱上低很多。来买牲口的人很多，但没有人光顾军马。后来终于有一个光顾了我们，父亲说你看这马骨架多板正，鬃毛多整爽。可那人说我买牲口不是看哩，是买劳力哩，它是军马，样子货，中看不中用，不犁地，不拉车，要它做啥？好看你不留着看，拉来卖个啥？父亲说你出个价吧。那人一张嘴，就让父亲给了一拳，因为他出的价格仅仅是一只羊的价格。父亲说你狗日的看看，这是马，是优种马。父亲与那人打了起来，好在有我们弟兄两人，才没有吃亏。父亲说回，不卖了，不卖了，我拉着犁地。

牲口不配套，八十多亩地犁不成，庄稼就没法做。人拉着犁地也只是父亲的一句气话罢了。

终于有一天，父亲说人既然能把它训练成军马，就不能把它训练成牲口吗？于是我们一家都到地里开始训马了。父亲请了二叔，二叔是队里驯马的高手，其实也无非是对牲口下得了手的人。

刚刚返春的土地上闪烁着焰火一样的地气，阳坡上晃动着嫩黄的草晕，大地上氤氲着潮润的气息。军马给拉到了地里，上了加铁链环的嚼子。两边都拴了缰绳，一边由我扯着，一边由父亲扯着。二叔让我们手里拉上个劲，然后开始往军马身上套缰绳。当二叔将套绳搭到它的背部的时候，它又蹦又跳，蹄子尥起，土块四溅，尽管父亲和我拉命地扯着嚼子，但它还是将两只蹄子抛向天空。它蹦跳着，搭在它背上的套绳给踢得乱飞在几米之外。二叔手里的鞭子就像闪电一样落在了马背上。那鞭子是拧麻花一样用牛皮拧成的，二叔每抽一下，油光闪亮的马背上立刻就出现一条拇指胖的肉岭。马尥一次蹄，就要挨一鞭。它的身上布满了鞭痕。

地里像一个正在进行着的战争的战场一样，尘土飞扬，人叫马嘶。

整整一个上午，军马的背上没有搭住套绳。我们三人像土人一样，我家平整的土地上战场一般一片狼藉，军马那老碗口大的蹄印到处都是，马背上已经背满了拇指粗的鞭痕、尘土与汗水沾出来的洇渍。军马的两个嘴角已给扯烂，流着殷红的鲜血。

已是晌午了，父亲筋疲力竭地躺在地上抽着旱烟，二叔说下午接着训这狗日的。父亲说算了吧，多少卖上几个钱再添些钱买头驴吧，我看它怕是不会犁地的。二叔说，在我手里没有不犁地的牲口，下午再训！父亲说明天再训吧，你看它成了啥样子了。二叔说要连着将狗日的驯服，不能让它缓过神来。

晚上，我进了马圈给军马填草料，看到父亲正抚摸着军马，军马的头抵在父亲的怀里，昏暗的马灯光下，父亲的脸上挂着泪痕。我将草填到槽里，父亲说去掠碗豌豆来。我掠了一老碗豌豆。父亲看看我，将豌豆边往草里掺，边说兄弟啊，你这样咋行啊。父亲的声音有些沙哑，我掉下泪来。

整整训了三天，军马终于被驯服了。虽然套地时，它的目光有些吓人，但它终于肯拉地了。只是它似乎不习惯像那匹骡子一样极慢地拉着犁走，你不用鞭子抽它它就永远慢下去。犁一插进地里，它就像一匹上路的马一样，飞速拉着往地头上跑，犁板上翻起来的土有一尺多高。父亲总是犁上几趟就停下来，让军马缓一缓，军马还不会省力。

一个月以后，军马终于和骡子一样，是一个好劳力了。村里人都对我们一家人说你们家可捡了个大便宜。这话我们懂，如果它一开始就能犁地，我们家未必能分到它。

我考上大学后，一个学期回一趟家。军马已经完全和别的马没有什么两样了。它失去了刚烈、庄重、傲慢的个性，身上脏兮兮的，混在牲口群里，它已从其他牲口那里学会了一切，完全看不出曾经的风采了。

看着它的背影，我的两眼盈满了泪水……

有一年暑假，我拉着它到了东塬上，它还会奔驰，只不过奔驰已经不像曾经那么风光有力了。

但它会忽然间前蹄攀空站立起来，发出一声长嘶，依旧声动山野很久。

活着即天堂

我们身上与生俱来的许多器官，如果它们默默无闻地工作着，你都指不出它具体位置的所在，更叫不出学名，甚至不知道它的存在。

按专家安排出时间，我到了医院，专家正在给人看病，我就坐在候诊大厅等待。候诊大厅就像车站候车室，人像蜂群一样，嗡嗡的嘈杂声不绝于耳。朋友打来电话问我在哪里，我说医院。他说看啥呢？我说甲状腺。他说什么线？我大声说甲状腺。他说新上演的？咋没听说？谁演的？他大概把医院听成了影院，我说我演的。他说你说啥？听不清，算了算了，你先看吧，看完了记得电我。我想他肯定不知道甲状腺，否则怎么会把甲状腺听成什么线。两个小时后，专家还没叫到我，他的电话来了，问电影咋样？什么线？盗佛线，导火线，又出了个什么线？我说甲状腺。他说甲状腺，没见宣传呀。我说你知道前列腺吗？

他嘿嘿一笑说那可是个大县呀。我也笑了，知道他是从小品上知道的。我说甲状腺和前列腺一样，是人体上的一个器官，人身上有许多腺。他说你不是在影院吗？我说医院。他哦了一声说我还听你说在影院，还埋怨上新片了也不约朋友，哎呀，你这是抱恙了，你那什么线咋了？哪家医院？我去看望你。我说得了吧你，没事。他说这么神秘，不会是性病吧！我说我哪有你那毛病。他说你可别掉以轻心，现在握个手都怀孕哩。我笑笑说你知道甲状腺在哪吗？他说离前列腺不远吧。

体检检出甲状腺上长了一个疙瘩。这是我第一次知道甲状腺，也才知道它就在脖子上。这之前我只知道脖子上有扁桃体，也知道它很倒霉，别人生病它先发炎。大夫说叫甲状腺结节，亦称囊肿。又说这是一种地方病，我们这里水硬，许多人都有，观察着点，没有变化就不用管它。我也就不以为然了。三四年没有变化，今年忽然就长大了，且在咽喉狭窄处，仿佛又生出一个喉结，就有些吓人了。

书到用时方恨少，这是老话了，现在我们有网络。有道是内事问百度，外事问谷歌，房事问天涯，性事问猫扑。然而，问还不如不问，网络有两个关键性表述：恶性结节不足1%，单发结节甲状腺癌的发生率较高。似乎说的是都不要紧，但对于一个患者来说，这就足以震撼了，不怕一万，只怕万一，又怎能轻松面对呢？一家人高度紧张，发动关系找专家。经过几层关系终于找上了区内甲状腺方面的顶尖级专家，这时候就觉出有关系多么重要。

佩特罗尼乌斯说过，医生只不过是精神上的慰藉者而已。然而对于患者来说，医生就是上帝。专家摸揣之后说要长着不放心，那就切了去。专家说得那样轻松，就像下厨切瓜切菜一样，尽管“切”字血淋淋的，但很安慰人。专家又说小手术，不要有负担。这话就更安慰人了。然而，接着她说应该是良性的。我心里“咯噔”一下，“应该”是个日常用词，平时说没什么特别感觉，现在用在这儿是多么锋利凛冽，专家前面所有的安慰因这个“应该”灰飞烟灭。良性意味着生命延伸，恶性意味着生命终结。良性与恶性就是天堂与地狱，这是人人皆知的基本常识。“应该”，你真是一个副词啊，多么像个副职。

职业决定语言的表述风格。在医院，医生与病人的对话，关键话语都是以副词做修饰。从语法角度上讲，没有副词，就没有语法，所有语言都会言不达义。然而对于病人来说，百无一用是副词，病灶——就是那个肉球没有拿出来经过最后确诊，副词告诉你的是一切皆有可能，何况像“应该是良性的”出自于顶尖级专家之口，加上自己搜来的知识铺垫，而常识又告诉我们大凡人体上只要不是与生俱来而是后天长出的东西皆非善类，你就不能不想到“万一”。

专家又说这把年纪了，多病之秋，这病那病都很正常。听上去依旧是在宽慰，但对一个患者显得那么多余，“这病那病”背后的意思是得什么病都有可能，简直就是对“应该”的注解。

又联想起一位医生朋友曾说每个人都有患上癌症的风险，因为每个人身体里都有癌细胞，时时刻刻都有可能被激活。那就是说人与生俱来时时刻刻都是危险的。

“这把年纪”是指我五十了。虽然还有几个月才满五十，但年龄这玩意没有人会算零头。《礼记·内则》曰：“五十始衰，六十非肉不饱，七十非帛不煖，八十非人不煖，九十虽得人不煖矣。”这古老的论述表达的是一种关爱，也说明了一种自然规律。看来五十是生命的一个分水岭，用时髦话说是一个节点吧。

从文这么多年，关于生命、生死之类的书读了不少。关于生命，许多人说得很通透：生而必死，自然之理；生命本身就是一种绝症，生就是为了死；死生，天地之常理，畏者不可以苟免，贪者不可以苟得也；生之本质在于死，话都说得极为哲学。白日依山尽，黄河入海流。想想不也都讲的是死亡吗？关于死亡，丘吉尔说得最为潇洒，“酒店打烊我就走”。作为二战时的英国首相，丘吉尔见过了太多的死亡，何况说这话时他已是九十岁高龄。此话说出的第二年，他的那家酒店“打烊”了，他就走了，死亡真像是生命的“打烊”。庄子说得更为超脱：“察其始而本无生，非徒无生也而本无形，非徒无形也而本无气。杂乎芒芴之间，变而有气，气变而有形，形变而有生。今又变而之死，是相与为春秋冬夏四时行也。”（《庄子·至乐》）这是庄妻死后，惠子前往吊唁，见庄子叉开双腿坐着，边敲打着瓦缶唱歌，惠子批评庄子时庄子说的话。

查尔斯·科尔想通过《死亡课》让人们如何从日常生活的点滴细节中，从容应对自身、亲友乃至陌生人的死亡和丧亲之痛，克服死亡带来的痛苦和阴影，让人们认识到正是因为死亡才使我们认识到生命的价值。他讲了一个故事：一个年轻母亲的儿子一出生不会走路，很快死去了。她非常悲痛，抱着儿子的遗体，挨家挨户地祈求人们施予救活儿子的良药。一位老人指示她去找佛祖释迦牟尼。于是她来到佛祖面前，佛祖让她去村里从来没有死过人的人家要一点芥末种子。她挨家挨户找寻，最终无功而返，因为没有一个人家没有死过人。她终于明白生命是必将消逝的。

要说吧这些道理也都想得明白，然而面对死亡，谁又能像他们说的那样潇洒豁达。坦白地说，我是怕死的。人生就是从生到死的一次旅行，纵活百岁，也终须一个土馒头，谁也摆脱不了这样的宿命。但不可否认，死亡永远是生命的一种梦魇。没有与死亡面对，就没有真正思考过死亡，当你真正与疾病面对，牵扯到死亡，许多关于人生、生命让人振奋、通透的话语警句只剩下了励志、安慰的意义。

人的归宿就是死亡，但活多久算一生？列夫·托尔斯泰说人生的价值，并不是用时间，而是用深度去衡量的。这也很有道理，可对于普通人来说，生命是通过时间来衡量的。中国人有约定俗成的一个界线——古稀之年，就是七十岁。对于喜丧，典籍、专家有许多诠释，《清稗类钞》解释：“俗有所谓喜丧者，则以死者之福寿兼备为可喜也。”有专家认为“喜丧”为全福、全寿、全终，包含了“螽斯衍庆”“善终”“寿终正寝”之类的寓意，被看作人在这世的最高境界。在老家农村，“喜丧”的条件没有这么苛刻，活过了七十人生就算是完美了，死了就是喜丧，丧礼上可以唱大戏，喝酒，孙子辈以下的戴红孝。因此七十大寿都很看重，穷穷富富都是必过的。过了七十大寿人们见面就会喊老不死的，这样喊是一种祈祷，说能添岁，越喊活得越旺。过了七十的人自己也说活“天”了，活一天赚一天，有病是不进医院的，觉得是白糟蹋钱。他们就希望能痛痛快快地离世，不要在炕上一睡几个月甚至几年，都认为早上还吃了三碗饭，中午一觉睡过去再不醒来，那是积修最好的人。

天地之大德，曰生。进了医院，你才感到人的求生欲望有多么强烈，你才感到肉体是那么脆弱，灵魂是那么顽强。

当护士把写着你的简约信息的浅绿色塑料圈套在你手腕上，灰白相间的病号服一穿，你就真是一个病人。这个塑料圈还把你和一个人固定在一起，那就是护士，从入院到出院在没有不可抗拒因素干扰的情况下，她就是你不折不扣的“亲人”。护士叫小梅。生平第一次住院，很多规矩都不懂，小梅是那样有耐心，讲了又讲，让人感到温暖。

病房里除了病人一切都是白色的，白得让人眼晕心悸，想到“白色恐怖”这个词来，白色代表洁净，但也寒意逼人。

我以为很快就可以手术了，小梅咯咯咯一笑说哪有那么简单，要等你全面检查的结果出来，看看各项指标适合不适合做手术，要是各项指标异常，要调理到正常状态，才可以进行手术。

抽血是必然的。这些年没有打过针，也没输过液，对于扎针还是有些心悸，我把脸转向一边，抽血护士说你晕针？我笑着摇摇头。她说放松，放松，别紧张，不疼的，像是哄一个小孩。扎针时我还是禁不住手往后猛缩一下，没想到她手劲挺大，我说你一个窈窕淑女，手劲还挺大的。她说这叫握力，往后缩针容易扎偏，就得受二茬罪，我也不忍心再扎你一次，像你这样的患者很多的。第二天又抽血，我说不能一次抽够吗？她说不行，得按医嘱。是啊，医嘱就是“圣旨”。

全面检查的结果，许多指标不是高就是低，需要调理，小梅说，没啥，你这样的年龄算好的了。我说，需要调理多久？小梅说一周吧。一周调理时间加上手术后至少一周，对我来说是有些漫长了。我不是个急性子，我是个慢生活主义者，但凡遇到尤其这种必须得到结果的事，性子特急，就希望早日结果了以求安心。我说，能不能快点？小梅说，你这人奇怪，许多人可不是这样的，一住一个月，一定要把身体调养得好好的才做手术。我笑笑，她说就是身体各项指标达标了，还得看安排到哪天。我说，怎么还要安排？小梅说，得根据大夫的时间呀，像你们这些找了专家的，就更得等了，专家时间紧张得很。又说都病了你还有多重要的事放不下？好好养着呗。

吊针成为必然。小梅说你那么怕扎针，给你留置针头吧，就不用再扎针了。我说那样最好。小梅说不过留置得久了可能会得静脉炎……我忙说那还是扎吧，得了静脉炎可比扎针倒霉多了。小梅说，只是可能。我说，毕竟还是有可能。小梅说看你肌肉状况，应该不会。又是“可能”“应该”，副词，我笑笑，小梅说没关系，我隔两天给你换一次。我说谢谢你。小梅说这是我应该做的。我笑笑，想起雷锋。

病房按设计放三张床，因为住院的人多，床位紧张，又加了一张，显得有些拥挤，不过人们都很客气。

我是1床，靠窗，然后依次是2床、加床、3床，加床横摆在1床、2床对面。

2床是一个七岁的小朋友，扁桃体畸形，鼾声若雷，赛过壮汉。倘若不是亲耳听到，我不会相信七岁孩子能打出如此雄壮的呼噜。小家伙那真叫一个淘，他只要眼睛睁着就不会闲下来，忽然跳下床扑向某个东西，就像猫扑向老鼠。他的想象力是那样丰富，所有的东西他都能当玩具玩，连我的烟、烟盒、火机、眼镜都能当成玩具，玩得兴趣盎然。他把病房当成了家，所有人都是亲人，一点都不认生，爷爷奶奶叔叔阿姨叫得顺溜。他把整个医院当成了游乐场，上上下下乘扶梯，一层一层坐电梯。为做扁桃体手术他已是“三进宫”了，第一次在等待手术时他折腾感冒了，第二次在等待手术时他胡吃海喝又拉肚子了。医院本就是病菌的集结地，但警告对他不起任何作用。这样的重复让他的爸妈很无奈。我想，对他来说住院定比上学要有意思，他把住院当成了放假。他拿妈妈的手机打游戏，一天花掉一百多块。他把声音开得很大，护士训斥他，走后他又把音量开到最大，说声音小了不震撼。我想震撼这词他在学校应该还没学到，是从网络游戏里学的，但他用得很准确。他母亲管不了他，不停地给我们道歉，我们都很宽容地说孩子么。小梅端着小盘子发药，就像幼儿园老师给小孩发饼干，我们得到药立刻就吞下去了，他吃药总是要费一番周折，一遍一遍跟他妈妈提条件，要这要那，妈妈答应了他所有的要求，他才把药吃下去，接着便逼着妈妈兑现承诺。

加床住着一个老汉，脸色焦黑，手很糙，抚过被褥衣衫便发出刺拉刺拉的声音。他的眉毛又黑又长，话语极少，我以为他是个火暴脾气，接触两天发现他很温和，甚至有些腼腆。医院还没有完全戒烟，安全通道、步行楼梯口可以抽烟。我是个烟民，老汉也抽烟，我们经常在那里遇见。没有什么东西能代替烟在人与人之间的沟通作用，一来二去的就熟了，我们常常相约抽烟。老汉抽的是五块钱一包的白沙烟，他还装着芙蓉王，给人散烟都是芙蓉王，这让我想起那些正在起步创业的农村青年。他说芙蓉王是小儿子给他买的。他的胳肢窝下戴着一个红布小包，我认得，那是符，他说儿子从大庙讨的。几天后他跟我说了他的家事。他有两个儿子，分家时觉得大儿子结婚后在家里多苦了两年，他就多给了一只羊，结果在小儿子那里落下了心病，有一次小儿子跟他闹起来，他甩了小儿子几个嘴巴。“那段时间脾气不好么，得理不饶人，三句话不过就火了，骂的话也绝情。要说我这个儿子是个柔性子，背重得很，你想连话都背不住了，你说我的嘴有多臭。”小儿子携家带口进城打工，和他断了往来。小儿子出门后学水暖，又学装修，打拼富了。“也就是在城里能过活，跟你们没法比。”他能住进这医院都是小儿子拿的钱。他现在很愧疚。我说你别想那么多，少给他一只羊对他是好事，当初要是多给他一只羊，或许就没有他的现在。老汉说话是这么说，心里不对劲，当时骂的话也太重了。他感慨地说：“把小儿子的济得了，福享了，已经好几万花上了，你说咱值个啥钱么，住你们住的医院？这把年龄了还看个啥，活一天算一天么，可拦不住么。”又说，“小儿子揽下个工程，带着二十几个人，没明没夜地干哩，苦大得很。一天一趟往来跑，上回来，我给骂了，说你再往来跑，我就回家了。他才安心忙去了，二十几个人跟着他吃饭哩，责任大哩。”他看我一眼，眼神有些得意。有一回，我去抽烟，看到他趴在窗户上往外看，夕阳昏黄的光扑在他身上，他整个人就像铜铸的一样。我拍拍他，他回转身来时，我看到他满脸泪痕，我故作没看清，递给他一根烟。我知道他不是为自己的病而流泪，他是因为感动而流泪——他被小儿子感动了，他沉浸在那份感动之中。我想，他暗处流的泪儿子知道吗？我多想跟他说你不必这么感动，这是儿子应该做的。可我说不出口。他对死亡看得很淡，他说：“我有重孙了，前两天才有的，有了重孙到了那世就没罪了，阎王都给面子哩。看好看不好，死了活了的不说，在这大医院住上一回，回去颜面上也有光了，儿子颜面上也有光了。”他长长叹口气说：“要能挣扎着再活一年就圆满了。”我说一年？他说：“要能再活一年两个月，我就七十了，七十就是喜丧了。”我说你长着寿眉，活十年都不成问题。他嘿嘿一笑说：“下苦人不像你们闲坐的，身体败坏起来快得很，我得的这病不好，骨头吃肉哩，这还不到一年多掉了五十多斤，一年都不一定能活下来。”我想问问他的病情，最终还是没问，病人最忌讳问病了。

3床是一位五十岁左右的女人，一看就是关系很硬的那种病人，主治大夫、主任医师常来询问病情，张扬着关系和身份的非凡意义。他们说处长，你放心，张博士从上海一回来就给你安排手术，做手术可不是小事。还说处长，你心里别有负担，跟他们比你这病就不算病。我心里说关心人是应该的，但不能伤害到别人，给别人增添心理负担。临告别时，他们一再交代有事直接给他们打电话。抽烟时3床老汉跟我说肯定是当官的。我说处长就是官。老汉说官不小呢吧？我想老汉不知道处长，该知道县长，就说按级别在你们县上跟县长一样大哩。老汉说怪不得哩，县长多厉害，一个县都他说了算哩。处长是跟县长是无法比的，仅是同一个官阶罢了，但这位处长应该是要口部门的实权处长。不过这女人倒很低调随和，脸上始终布着柔润的笑意，不像许多官员那样强势摆谱。我想也许是疾病让她认识到命本无贵贱之分吧。她说今生能住到同一病室就是缘分，也是前世积修来的。她洗了许多水果让大家吃，还给小孩牛奶、饼干。小梅进来通知我们几件事，她抓了苹果和梨给小梅，小梅忙摆手说谢谢，我不吃。她说吃吧，女孩子要多吃水果哩，对皮肤好，你看柜子里都放不下了。小梅说不行不行，我们有纪律。她说没人看见，看见也没关系，就说我让你吃的。小梅说不行，纪律就是纪律。她说这是什么规定，不够人性么。我说这也是医嘱？小梅嘻嘻一笑说是的。

患病我觉得是最私密的事，何况目前还没有明确结果，我不想让更多的人知道，虽然不是什么难言之隐，但我希望安静、隐秘。可孙女才三岁，手机玩得比我熟，不但会拍照，还会发微信，发到她爸爸的微信朋友圈。我已有两个孙女，外孙女已五岁了。我说，孩子不要往来带，医院里是病菌的集中营。可孩子们不听，依旧带孩子来，亲情就是这么任性。微信朋友圈的“交叉感染”比医院还厉害，许多人就都知道了，络绎不绝地探望。

穿着病号服，别人看你的眼光就很同情，话比劝说一个分崩离析的婚姻还多。“没事的”，这是探望者说得最多的一句话。“没事的”，说的是一种结果，但却不是结果，对病人不仅没有实际意义，却充满暗示，因为相对的是“有事”。有做过这手术的，把脖子抻过来让我看，这能说明什么，只能说明他很幸运。在那个东西没拿出来经过机器审查、专家研讨之前，谁也不能保证它不“包藏祸心”，连专家都在用副词支撑表述。我带了几本书摆在床头，朋友说你还看书，可别不当回事。还有的说你不要听大夫的，小手术咋不给你做微创？话都是安慰的话，可安慰的话都是双刃剑，要知道病人是多么地敏感。

倒是两个孙女的安慰最有效，爷爷，我给你吹吹就好了。她们吹出来凉凉的气息，绕着我的脖子，就像为我戴上了一条项链。以前她们要是什么地方给碰着了，就会让我给她们吹吹。孙女在家我们都叫小名，只有去医院打针输液时大夫才叫大名。因此一叫大名，她立马回应说打针。每次打针她很坚强，她盯着看针扎进肉里，哭上两声，针打完了说爷爷吹吹，便又笑闹着玩去了。但她对疼痛有记忆，看到穿白大褂戴白帽子的就躲。厨师的衣着与大夫护士相似，有一回带她去餐馆吃饭，厨房与大厅隔着一道玻璃墙，看到厨师，她坚决不进去。她们给我创造过许多快乐，也让我思考。外孙女上幼儿园不久的一个周末，一进门就跟我说了对不起，我抱抱她说快去洗手，有好吃的。我正赶写一篇东西，以为她走了，可一掉头她还站在那里，我说你干什么坏事了？她说姥爷，我都说了对不起，你为啥不说没关系。孩子就是这么天真，大概老师教过她，别人说了对不起，一定要说没关系。我说对不起，她立马说没关系。在我们大人的生活中，我觉得小孩就像一面镜子，你遭遇到那么多事，谁给你说过对不起呢？女孩爱唱歌，天上的星星不说话，地上的娃娃想妈妈，孙女唱成了天上的星星不说话，地上的娃娃没办法。一闪一闪亮晶晶，满天都是小星星，孙女唱成了一闪一闪亮晶晶，满天都是小妖精。我说你太有才了。

书是看不进去的，一是那个孩子很淘，除了自己玩，还要和你玩，你做什么他都好奇，你看书他一把夺去说我看看这是什么书，翻上一通说书里写的啥，给我讲讲，然后还跟你讲他看过的书。二是自己心绪不宁，那个东西没有拿出来经过确诊之前，心里怎么能像个没事人一样呢？我看过不少人写病中读书写作的文章，真羡慕他们的定力。三是病室中来来往往探视的人很多，不是来探视你的，就是来探视他的，尤其是那位女处长，几乎隔一两个时辰就会来探视者，何况她电话很多，就躺在床上接，官腔跋扈，声音嘹亮。去廊道里看吧，廊道里走着各种病号，搀扶的，拄拐的，呻吟、尖叫不时传来，尽管在走廊里、电梯间、病房里，绿底白字的宋体“安静”触目尽是，但是又如何安静得下来，疾病可不会因为在医院就不会让你疼。而一个医院怎么会没有哭声，所有的哭声都惊心动魄，凄神寒骨。

医院像兵营，一日三次检查你必须在房间，夜晚必须住在医院，出外超过两小时要请假。假是很难请的，多数时候是不准的。当然那位女处长来去自由，特权是时时处处存在的。我想出去转转，可是医院在市中心，出门便是街道，车水马龙的，又值冬天，怕感冒了又得延长住院时间，我就常趴在护士台外面看小梅忙活。小梅只要在台内，总是在写着东西：

凌晨 1：12，1022 床肚子痛。去病房，处理。

凌晨 1：25，1017 床胸口闷。去病房，处理。

凌晨 2：01，1021 床又吐血了。去病房，处理。

凌晨 2：22，1011 床尿憋。去病房，处理。

凌晨 3：17，呼叫 ××× 医师“×× 床情况不大好，速来看看”。

……

小梅一笑说，流水账有啥看的。我说流水账还记？她说不记不行，以后闹起医患矛盾，对簿公堂就得拿这些来说话，只有手写的白纸黑字才算数。她真是太忙了，往往是才写了几个字，就有事了，不是电话响了，就是病人按响了呼叫器，她必须去处理。吃饭都得“叼”时间。护士是医生对患者确定的治疗方案的实施者，打针，定时发放药剂，联系病人的各种检查、会诊，去病理科找报告，观察病情，等等。可小梅要干的远不止这些，除了护理着七个病房二十几个病人外，她还要开医嘱，记录病程，回答家属患者的询问，接待随时入院的新病人。按说这些本属于住院医师的活，严格讲护士是不能越俎代庖的，可小梅是实习生，正在实习期，面临就业，现在像她这样需要一份工作的学生太多了，她家里又没有权没有钱的亲戚，到时能不能留下来还不好说。为了留个好印象，谁交代的活她都得接，而别人抓她的差也就常态化了。而跟她交替班的护士是正式护士，正在恋爱，她的活小梅就得全盘接着。不过对就业她比较乐观，现在私立医院多了，那边就业要容易些。当然她还是希望在公立医院做一名护士。最让她头疼的是为病人写小结，把病人住院期间的病情检查治疗小结一番，每个病人出院都需要这样一份小结，她说我写得不好，老受大夫的批评，以前我最头痛的就是写作文了。

等级在任何地方都是存在的，查房最体现医院森严的等级制度，尤其是周一查房，都有些隆重了。一大早，护士、保洁员全体出动，病床，床头柜，甚至连床下物品都规整一番，被子叠得就像军营的。然后主任就在副主任、医生、护士长的簇拥下逐床巡查。进病房专家走在最前面，主任，副主任，主治，高年资住院，低年资住院，进修生，研究生，实习生，见习生十几个人的队伍浩浩荡荡，护士跟在最后面，真可谓威风八面。因为病房小，站不下，级别低的就站在病房外，出病房专家先走，最小的贴墙边，等大家都出去你才能走。小梅总是最后一位。

一位好友从美国回来，给我打电话想见见面。不想告诉他有病，可又想他漂洋过海回来，这一面不见又不知何时，知天命之年，朋友间每次见面都是珍贵的。朋友来后，问了病情，当得知我已经住了一周院，还要住三天才能做手术，他说你为何不选择日间手术？我问他何为日间手术？他说日间手术就是在一至两个工作日内手术，患者不用住院。他说等待是病人最痛苦最煎熬的，住院时间长了会得医院综合征，他也做过手术，选择的就是日间手术。又说不过这样人性一点，让亲戚朋友们都来看看你，有些人多年不见了，你得了病忽然就冒出来了。朋友走了，我用手机搜索，日间手术欧美二十世纪初就兴起了，是一种安全可靠的手术模式，现在日间手术在美国、丹麦、西班牙、瑞典达到择期手术的百分八十以上。我国许多一线城市已有日间手术。我问小梅医院有没有日间手术？她摇摇头说没有，不过我知道日间手术。

2 床的小朋友又折腾感冒了，咳嗽，流鼻涕，妈妈欲哭无泪，央求小梅和主治大夫给加药，说这次一定要做手术。我们提心吊胆，怕他把感冒传染给我们。第二天那主任和副主任都来了，直接让出院。妈妈央求主任说就是有点咳嗽，为他耽误了不少事。主任面无表情，一点通融的余地都没有，让立刻办出院手续。我虽然担心他把感冒传染给我，但觉得这也太过了。抽烟时 3 床说是那处长让出院的，怕把感冒传染给我们。我说你咋知道？他说大夫叫我去跟我说病情，她正跟大夫说要让那娃转到别的病房，大夫说没床位，她说那就让出院，还是当官的厉害哩。

孩子的东西还没拿走，就又住进了一个病人。觉得面熟，我想他也觉得我面熟，互相看了看，当小梅进来叫出他名字时，我立马就想起来了，诗潮席卷神州大地时代的一位文学青年，哦，应该说诗人，那段时间诗人很多。他也想起了我。多少年没见了？我们开始回忆。回忆的过程很有意思，因为近知天命之年，都很认真，想弄准确一点，从手机号码簿中搜寻当时一起混文学圈的人，打电话确认记忆中残存的细节，最终确定是二十一年，这近乎我们来这世上的一半岁月，相见竟在同一病房，正所谓人生何处不相逢。我俩感慨万千，又互相埋怨为何不联系，又互相检讨如何没联系，工作的变迁，单位的流转，生活的忙碌……留电话，加微信。还想有个忆往事的话伴，可化验诊断的结果他暂时不适宜手术，他又匆匆出院了，临别时说以前是文友，现在可是病友了，人生关系中的一大铁，这关系可不一般，至少一个月聚一次，以前是喝一场多一场，现在是聚一次少一次啊。

人生几大铁关系有几种说法，比如一起同过窗，一起下过乡，一起扛过枪，等等，没听到病友也是一大铁。上网搜搜，嗬，病友网、病友会、病友帮、病友群、病友组、病友圈、病友论坛、病友之家……想想蛮有道理的，不管病情如何，也算一块面对过生死的人，关系应该更铁。

朋友出院，又住进来一位七十多岁的老伯，护理的是一中年汉子。两人很有意思，不时开玩笑，老伯幽默，汉子更幽默，让人想到多年父子成兄弟的话来。对于一个病人来说幽默是最好的药，它至少可以让你不那么沉重。汉子是个见面熟，也很勤快，会帮我们做一些事，打水，代买饭菜等，我说你们父子真融洽，这就是幸福啊。汉子笑了说我是个护工。我愣了愣，一直以为护理这种事是女人的事。

两个孙女来了，吵吵闹闹的时候，我看到老伯的表情会滑过一丝黯然，看得出他内心的孤寂。他想和我两个孙女逗逗乐，可她们都不理会他。他坐一坐就出门去了，许久不见回来。是啊，别人的热闹只能加重他的孤独感。护工也抽烟，熟了他告诉我老伯是个厉害人，三个儿女都在国外，回不来。他又问我，你说他是不是个裸官？我笑笑说住的是普通病房，不会吧。护工说裸官有大有小，有些你别看官小，实权大。看来他护理过不少这样的人。护工说父母在不远游，老头孤独着哩，唉，也可怜。

经过调理，各项相关指标达到最佳状态——我这个年龄的最佳状态，而不是人体原初的最佳状态，人是回不到原初的。手术安排下来了，然后就是签字，七八页内容，二十几处要签字，极其烦琐，如今医患闹得凶了，条款可谓无微不至，生死状一样，条款内容无外乎把医院医生的责任风险降到最低限度，每条都有意外，惊心动魄。大夫指头一点，我签一个，指头一点，我签一个！大夫说要仔细看，我笑笑。

回到病房，老伯说你做手术没找关系？我说找什么关系？他说找个关系调一下，上午做。我说为啥？他说你傻呀，上午精神集中，下午糊里糊涂的肯定做不好，手术马虎不得，得讲质量，质量就是生命啊。他说得我心里麻烦，可想到要找人调整更麻烦，说不定又得几日，我已住得十分烦躁了，就这样了。老伯又说你不像没关系的人呀，真找不上人？处长坐起来说我给他们说，给你调一下。我忙点头说，谢谢你，不用了，早做早安心，这一调不知又要等几天。她点点头说，也对，医院还是早离开早好。

病人做手术就像面对暗夜一般，心里不可能没有负担。我在过道散步，两边的知识栏里贴着关于手术前患者心态障碍，术前畏惧中约62%的患者怕麻醉，15%的怕开刀，23%的有其他恐惧，主要是怕“癌”……病人对手术会产生不同程度的担忧、恐惧，表现出强烈的应激反应，导致内环境改变，出现心动过速、血压增高、呼吸急促和代谢增强，使冠脉和内脏的循环灌注减少，氧需增加及氧供减少引起的微循环障碍会增加并发症和死亡率，并由此对手术后的康复产生影响，甚至决定手术的成败……

儿女们搜了许多东西，多是注意事项，每个注意事项都有万一的案例，比如说麻醉就有醒不来成为植物人的危险，正所谓步步惊心。有句话很流行：不要死于无知。我曾经很痴迷这句话，现在我发现知道得太多了并不好。

我去楼梯口抽烟，一个中年人坐在台阶上抽烟听秦腔，他也是明天的手术。隐约听得出是秦腔《三对面》，他入戏了，眼睛微眯，跟着轻唱。古人说：“七情之病也，看花解闷，听曲消愁，有胜于服药矣。”他是懂得的。入戏就进入了一个虚拟的精神世界，看三国掉泪，替古人担忧，可以忘却自身的处境，就像读书，书读进去人就在书中了。经常碰到的另一位抽烟者，他闭着眼睛掐着那些珠子。他看上去非富即贵，那串珠子看上去不是普通东西。他不是在盘珠子，而是像信徒在默诵，因为他的胳肢窝下戴着一个红布小包。人越有钱越有权，就会越迷信，大庙名寺的大香客都是富甲一方的人，而最近的反腐通报上，也出现官员在台上大搞腐败的文字。

终于熬到上手术台了，护士推来了一辆车，说上车。我说走着去。护士说不行。我想问小梅呢，最后还是没问，她休息了吧，该好好休息休息了。手术室门是白色的，泛着冰冷的光芒，对于一些人来说这便是生死门。手术室门口有四辆推车在排队，我想起电影《排队上天堂》来，厚重的铁门开个缝隙，叫一个人名，放进一辆推车。连做手术也需要排这么长的队，这就是国情了。亲属夹道，排出长长的队伍，就像排队采购什么紧俏货物，执手相看泪眼，啜泣之声不绝于耳，就像出征送行的场面。护士极不耐烦地驱赶着呵斥着，但没有人离开。我想这样只能加重病人的心理负担。我的家人也都来了，我严令他们不要来，他们还是来了，亲情就是这么任性，这么霸道。

我以为做手术是很私密的事，手术室是一个非常寡静甚至是死寂的地方，进去后才明白，这里是手术中心，完全像个市场，医生护士熙攘往来，我说一次同时做多少例手术？排在第一位的说八例。我说我还当手术是分开的。他说除非高干，大款。

里面还得排队，一排长椅，我前面坐着三位。排在第一位的病人起身拦住一位白大褂问李大夫来了没。白大褂拨开他呵斥说坐下。他又去拦另一位白大褂，白大褂呵斥说不想做就出去。我想这位李大夫肯定是一位专家。专家代表着见多识广，经验丰富，技术老到，华佗再世，扁鹊重生，希望之所在。他坐下来整个人在颤抖，带动椅子抖动。这种场合下情绪是最容易传染的。我也在辨认我的专家，可是手术室就像一个实验场，个个包裹得严严实实，只露出一双眼睛，那么的冷漠与麻木，实在辨认不出来，我的心里便空落落的。我想那些患者既然找到你了，此时应该过来跟你的患者打个招呼，这对即将手术的患者是最大的安慰。轮到坐在第一位的病人上手术台了，他忽然说，不是李大夫，我就不做了。他竟真的走了，我想那李大夫要么没来，要么正在另一个手术台上，要知道专家同时做几个手术的很多。

长椅上坐着的第二个人年龄比我小一点，他的目光游离，就像受到惊吓的小老鼠的目光。他坐不住，起来了又没处走，又坐下了，坐下了，又起来了。只要他一起来，立刻就有人呵斥坐下，坐下。不知道是大夫还是护士，口气就像村长。可他不由自主，屁股一挨凳子，火烧火燎地又站起来。

第三位却在打呼，我心里说他倒是好心态。一个白大褂走过来，拍醒他说早晨起来就打呼。男子说我有些困。大夫走了，他的呼声又响起。大夫又走过来拍醒他，说你咋回事？男子说还没到我，到了就清醒了。大夫翻翻他的眼皮说你是不是吃安眠药了？男子说睡不着时吃了，护士说要有好的精神状态。大夫说你啥时吃的？男子说晚上吃的。大夫说晚上吃的这时间还没过？你给我说老实话。男子说早上吃的。大夫一把揪起男子说你出去，出去。男子说我害怕，吃了安眠药就不害怕了，你就给我做了吧，早做早了，都快一个月了，我实在熬不住了。大夫说做了，你死在手术台上谁负责？男子说出事我负责，负全责，你就给我做了，我真的熬不住了。大夫说你就是崩溃了也行，没告诉你吃药要大夫同意？出去。那男子被轰出了手术室门。大夫吼道，谁还吃安眠药了？

终于叫到我的名字了，我站起来，随后进来的一位忽然拍我一巴掌，把我吓了一跳，他说没事的。我忙说谢谢。这一巴掌让我很激动，也很感动。

上了手术台，许久没动静，我坐起来想看看，立刻遭遇一声断呵：坐下。手术在喉部，要实施全麻。三个人为我实施麻醉，一个人拿一个类似于输氧管的管子在我鼻子前绕来绕去。另外两个人一个说主任在这里少安排一个手术，在私立医院就多做一个手术，就是两三万块，一个说就是。他们又转到韩剧的话题上来。我能理解，他们经历的手术太多已经麻木了，就像我有时会麻木于写作一样。可这跟写作不同，人命关天，麻醉的风险甚至比手术风险更大，然而他们如此漫不经心，要是沉迷于韩剧情节，麻醉过量了，我命岂不休矣？钱钟书在《围城》说：“医生也是屠夫的一种。”以前不理解，现在觉得这话准确，屠夫都是麻木的。

醒过来我已躺在一间陌生的病房，有点不清醒，隐约听到说醒来了，醒来了，很有些惊喜。才知道这间是专为病人从麻醉中醒来准备的。看看时间，已整整过去了六个小时。这一关是过了。没有丝毫疼痛感，手术白刀子进红刀子出怎么会不疼呢？我心里疑惑，难道手术没做？伸手去摸脖子时，发现已包扎了。原来有镇痛泵—— 一个有胆的塑料瓶，管子的一头插在伤口里。取出的那个东西我没看到，老婆描述像个桂圆，圆丢丢的。

手术结束了，悬着的心并没有放下来，因为还不知道那粒“桂圆”是什么状况，这才是关键所在。结果要三天才能出来，这三天才是最煎熬的，焦虑、紧张、恐惧，坐卧不宁。有些人就是在挂着“肿瘤化验科”的那栋大楼里被判处死刑的。抬眼就能看见那栋大楼，大楼盖得很时尚，造型、颜色甚至有些喜庆，可目光触到那几个字上，就觉得阴森可怖。

谢天谢地，诊断结果是良性的，就是一个结节，和脸上的痘痘一样普通的结节，像罪大恶极的人得到赦免，像钉在十字架上的人忽然落地，一下子轻松了，人就像要飘起来。我说请小梅吃饭，小梅说可不敢胡吃乱喝的，正长伤口，老老实实规规矩矩地吃喝，那地方要是长不好，以后就没饭吃了。我说别吓唬人嘘。

五天后拆线了，小梅对我笑着说你可以回家了，明天就可以洗澡了。我想我一定味道很熏人了。小梅说一个月之内任何一天都可以来办出院手续。跟几位病友告别，互相说了许多安慰的话。去跟专家道谢，专家说小手术嘛。我说你说应该是良性的，可让我心里负担很重。专家笑笑说没见到那东西，谁敢给你说肯定是良性的，恶性的也是有的。现在他说啥我都不敏感了。

回到家，伤口愈合得不错，痕迹还是明显的，孩子们给我准备了修复明胶、疤痕灵之类的东西要我抹。我说算了算了，都五十了。可孩子们说男人五十一朵花哩。当下就给抹上了。孩子们又给我买块玉，拴成一根项链，说玉养人，玉坠儿正好掩盖伤痕。我说有刀痕不是更有男人味儿。

接着就是出差，拖到第二十七天，小梅打电话说别忘了办手续。我就去办手续，先去了病房，人已经全换得不认识了。来到护士台，一老头在那里骂人，骂的是一个小伙，小伙不语，但神情冷漠。小梅在劝解。两人走后，小梅说这老头也是，嫌儿子往岳母那里跑得多了。我说人得病了心多。小梅说可他儿子的岳母也住院了，在附属医院，病比他的重么。我说以后一对小夫妻上面爷爷奶奶爸爸妈妈八个老人，光看病都照顾不过来。小梅说就是，现在护工可吃香了。我问以前几个病友的情况，小梅说加床那个老人肺癌晚期，儿子要让做手术，老头坚决不做，回去了。那处长情况也不太好，转到去北京看了。我把小梅叫到了医院外面，我知道小梅没有时间出去吃饭，也不会出去吃饭，就给小梅买了个礼物，说了许多话，小梅才收下了。

在扶梯上，有人叫叔叔，我一回头是那个小家伙，我说你又来了。他说是呀。我感叹地说还是你最轻松了。他说你啥意思呀。我笑了，他在扶梯上一级一级地蹦跳，一个汉子扑过来一把提起他啪啪就是两巴掌，说掉下去摔死你。死，确实是很吓人的，大人吓唬小孩：掉下去摔死你！大人恐吓大人也说：小心弄死你！汉子像拎一只小鸡一样拎着孩子走，边走边呵斥，再胡跑折腾感冒了，看我不抽死你。看来这小祖宗他妈管不住，把爹给换来了。

出了医院，回头站了许久，我想医院是人来到这个世界的第一站，也是许多人离开这个世界的最后一站，但愿人们离开这个世界，这里不是唯一的站点。人一出生路就通向死亡，这是大实话，但活着是对生命最好的礼赞，是对父母至上的孝敬。云门文偃禅师说：日日是好日，我配一句：活着即天堂。